Wandern zu SAGEN UND MYTHEN im Stubaital

Peter Paul Lanthaler

Tyrolia-Verlag · Innsbruck-Wien

Mieders ist der erste Ort im Stubaital. Im Bild der Turm der Pfarrkirche vor dem Hintergrund der Stubaier Gletscher (S. 9)

Inhalt

Vorwort ... 5
Einleitung ... 6
Mieders: Teuflische Freikugeln ... 9
Der Widmöser See ... 12
Mieders: Des Webers Wichtel ... 13
Die gestörte Grabesruhe ... 15
Telfes: Die sieben Brüder ... 16
Der Gschnalsjuzer ... 20
Telfes: Der Stockerriese ... 21
Telfes: Die Hexen von der Saile ... 23
Der verhexte Ochs ... 26
Fulpmes: König Serles ... 29
Fulpmes-Vergör: Das versunkene Dorf ... 32
Fulpmes-Plöven: Der Hexenboden am Kreuzjoch ... 36
Waldrast: Im hohlen Lärchenbaum ... 36
Teufelssteine und Muaterwasser ... 42
Fulpmes: Der Schatz am Rastbichl ... 44
Der Umesberger Riese ... 46
Fulpmes: Die silberne Gans ... 49
Neustift: Die Kasertörggelen ... 52
Neustift-Milders: Verheerende Heimsuchung ... 54
Neustift-Milders: Der Bär und die Heilquelle ... 59
Neustift-Milders: Der Schatz im Rinnensee ... 63
Das Goldbrünndl von Alpein ... 65
Neustift: Der Pinnisstier ... 66
Neustift: Die böse Sennerin ... 70
Neustift-Krössbach: Die Hexen vom Habicht ... 72
Neustift-Gasteig: Der Schatz im Mischbach ... 74
Neustift-Ranalt: Das alte Weiblein ... 76
Vereitelte Hochzeitsfahrt ... 77
Neustift-Ranalt: Gold unterm Grawawasserfall ... 78
Der Almgeist von Schangelair ... 81
Neustift-Mutterbergalm: Der wilde Pfaff ... 82
Neustift-Mutterbergalm: Der wildernde Gamsjäger ... 84
Register ... 86

Sagen sind ein kostbares Stück Heimat
und ein Bild der fantasievollen Volksseele ...
Mit den Sagen lebt die Landschaft, leben
die Orte und Personen in oft wundersamen
Geschichten bis in die heutige Zeit herein.

Dr. Hermann Holzmann (1906–1971)
Heimatforscher

Vorwort

Mehrfach wurde der Wunsch geäußert, die schönen, großteils vergessenen Sagen des Stubaitales zusammenzutragen und niederzuschreiben. Es gibt bisher keine geschlossene Sammlung der Stubaier Sagen. 1903 schrieb Paul Greussing einige Sagen aus dem Raum Telfes auf. Auch im alten „Stubei-Buch“ aus dem Jahre 1891 sind einige zu finden. Von 1960 bis 1980 hat Dipl.-Ing. Dr. Helmut Leutelt die Geschichte des Bergbaus im Stubai erforscht und stieß dabei auf so manche Sage. Nach seinem Tod wurde mir freundlicherweise sein Werk überlassen. Des ehemaligen Chronisten Alfred Halbeis sei besonders gedacht, auch er beschäftigte sich mit der Stubaier Sagenwelt. Ihnen verdanke ich neben Erzählungen älterer Talbewohner meine eigene Sagensammlung.

Die Idee, die Sagen mit Wanderungen zu verknüpfen, kam von Mag. Gottfried Kompatscher vom Tyrolia Verlag, der mich auch zu diesem „sagenhaften“ Wanderführer ermunterte.
Die empfohlenen Wanderrouten zu den Sagenplätzen zählen zu den schönsten und oft auch wenig begangenen Wegen und Steigen im Stubaital. Sie führen nicht selten durch herrliche Bergwiesen mit seltener Alpenflora in kaum berührter Natur an vorzügliche, von alters her geschätzte Quellen, zu schönen Bergseen und Plätzen, die zum Verweilen einladen. Ich habe mich bemüht, vor allem familienfreundliche Wege auszuwählen.

Für die Durchsicht der Sagen danke ich Univ.-Prof. Dr. Karl Heinz Töchterle und für die Überprüfung der Wandervorschläge Bergführer Hubert Pedevilla.

Fulpmes, im Frühjahr 2004

Peter Paul Lanthaler

Einführung

Wer in den Bergen wandert, sollte zum eigenen Schutz einige Grundsätze berücksichtigen.

1. Eine gute Ausrüstung ist unerlässlich. Wählen Sie stets jene Bekleidung, die schlechtem Wetter entspricht, denn auch schönes Wetter kann im Gebirge kurzfristig umschlagen: Nehmen Sie feste, hohe Bergschuhe mit griffiger Sohle, niemals Halbschuhe. Nur so sind Sie trittsicher unterwegs. Denken Sie auch an Wind-, Regen- und Kälteschutz, z. B. Pullover, winddichter Anorak, Kopfbedeckung.

2. Wenn Sie nicht nur eine kurze Hüttentour unternehmen, vergessen Sie nicht leichten Proviant (z. B. Müsliriegel, Trockenobst, Bananen; in jedem Fall fettarm) und vor allem ausreichend Flüssigkeit (verdünnte Fruchtsäfte, Tee, isotonische Durstlöscher; Alkohol schmälert die Leistungs- und Konzentrationsfähigkeit). Sie können sich nicht auf Quellen oder Brunnen am Wegrand verlassen.

3. Hinterlassen Sie daheim oder in Ihrem Quartier Angaben über das Tourenziel und die geplante Rückkehr.

4. Trotz aller Umsicht kann ein Unfall nicht ausgeschlossen werden. Dann ist das alpine Notsignal – sechs optische oder akustische Zeichen pro Minute, dann eine Minute Pause

Wenn Heinrich Hofer, ergrauter Stubaier Bergführer und Hüttenwirt, von früheren Zeiten erzählt und dabei auch von der ein oder anderen Sage zu berichten weiß, findet er in Kindern immer aufmerksame Zuhörer.

Blick vom Miederer Kalvarienberg zur Serles (links) und zum Sonnenstein

und wieder sechs Zeichen usw. – hilfreich, meist ist jedoch ein Handyruf wirkungsvoller: Bergrettung 140, Euro-Notruf 112. Allerdings kann es kurze Wegabschnitte geben, auf denen das Handy nicht funktioniert.

5. Unternehmen Sie größere Bergtouren nie allein, auch wenn sie harmlos erscheinen. Auch der erfahrene Bergwanderer kann im Hochgebirge durch Wetterumschlag, Verletzungen oder Unwohlsein in Gefahr geraten. Mit einem Begleiter ist meist Hilfeleistung und Rettung (leichter) möglich.

6. Besondere Vorsicht ist beim Begehen steiler, nasser Grashänge und sommerlicher Schneefelder geboten. Rutschen Sie nie in Schneerinnen ab! Treten Sie keine Steine ab!

7. Bleiben Sie auf den markierten Wegen und schonen Sie die Natur, indem Sie auf Abkürzungen verzichten. Im Übrigen gilt: Der kürzeste Weg ist nicht immer der beste. Rasten Sie „spurlos“, werfen Sie keine Abfälle weg, sondern tragen sie wieder ins Tal!

8. Schließen Sie hinter sich die Gatter der Weidezäune, damit sich nicht das Vieh verläuft.

Auskünfte und Informationen im Stubaital

Tourismusverband Stubai
6166 Fulpmes, Bahnstraße 17
Tel. 05225/62235
E-Mail: info@stubai.at; www.stubai.at

Tourismusverband Neustift
6166 Neustift, Dorf 3
Tel. 05226/2228
E-Mail: tv.neustift@neustift.at; www.neustift.at

Bergführerbüro Stubai
6166 Fulpmes, Franz-Senn-Weg 14
Tel. 05225/63490
E-Mail: sepp@bergsteigen-stubaital.at
www.bergsteigen-stubaital.at

Bergführerbüro Neustift
6166 Neustift, Stubaitalstraße/Dorf
Tel. 0664/3944042 (alpine Auskunft)
E-Mail: alpin@stubai.org

Serleslifte, Mieders
Tel. 05225/62776; E-Mail: info@hochserles.at

Elferlift, Neustift
Tel. 05226/2270; www.elfer.at (mit E-Mail-Adresse)

Schlick 2000, Fulpmes
Tel. 05225/62776
E-Mail: info@schlick2000.at

Stubaier Gletscherbahn
Tel. 05226/8141-150
E-Mail: info@stubaier-gletscher.com

Mieders-Gleins

Teuflische Freikugeln

Zielpunkt: Eulenwiesen am Gleinser Berg, 1720 m
Schwierigkeit: Problemlos
Gehzeiten: ↑ 2½ Std., ↓ 1½ Std.
Höhenunterschied: 738 m
Talort: Mieders, 982 m
Ausgangspunkt: Mieders-Bachleite im oberen Dorf, ca. 1000 m *(Zugang von Mieders nach Gleins siehe Karte auf Seite 14)*
Einkehrmöglichkeit: Gleinser Hof, 1412 m
Beste Wanderzeit: Frühjahr bis Herbst

Wegverlauf

Von Bachleite folgt man dem Güterweg, dann dem gut markierten Weg nach Gleins. Weiter auf dem Güterweg, folgt man etwa 1,5 km an der Abzweigung links der Tafel „Eulenwiesen". Nun drei Serpentinen bergauf, weiter geradeaus fast eben bis zu einem Zaun, und weiter zu den unter Landschaftsschutz stehenden Blumenwiesen und den formenreichen Lärchen – ein besonders schöner Platz im Angesicht der Serles.

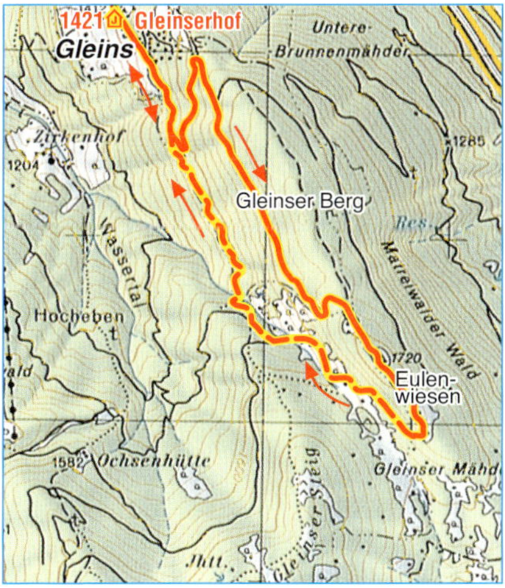

Nun wandert man Richtung Süden, wo etwas tiefer gelegen einst der Wildmöser See leuchtete – jetzt ein botanisch einzigartiges Hochmoor. Von da auf gutem Steig und dann wieder auf dem Güterweg zurück nach Gleins.

Und so erzählt die Sage:

Mit einer Freikugel trifft der Wilderer oder Jäger unfehlbar jedes Ziel. Voraussetzung ist aber, dass sich der Schütze persönlich mit seinem eigenen Blut dem Teufel verschreibt, bevor er Freikugeln, auch Blutkugeln genannt, gießt. Ein Kreis wurde ausgemessen und darin zwei Kerzen aufgestellt, die aber schon einmal vor dem Allerheiligsten in einer Kirche gebrannt haben mussten. Mag nun kommen, was will, mag es zugehen, wie es will, der Kugelgießer darf während der Beschwörung nicht aus dem Kreis heraustreten, sonst fasst ihn der Teufel und es ist um ihn geschehen. Die Blutkugel selbst darf nur während der Mitternachtsmette gegossen werden. In das schäumende Blei

Kein Teufelsfeuer zum Gießen von Freikugeln, sondern eines der zahlreichen eindrucksvollen Herz-Jesu-Feuer, wie sie im Juni auf den Graten und Gipfeln entzündet werden

Die Eulenwiesen über Gleins stehen unter Landschaftsschutz; die formenreichen Lärchen bieten einen bequemen Logenplatz.

werden dann unter Sprüchen und Beschwörungen Tropfen des eigenen Blutes hineingemischt. Nur vierundzwanzig Kugeln dürfen gegossen werden.

Nun lebte einmal im Stubaital ein ganz berüchtigter Wilderer, der Stauden-Friedl. Er hatte einen Bund mit dem Teufel geschlossen. Niemand, auch nicht der schneidigste Jäger, wagte es, ihn auf frischer Tat zu stellen. Der Friedl gehörte zu den wenigen, die Freikugeln gossen. Es war Heiliger Abend. Mit allerlei Zauberei bereitete er oberhalb von Gleins den Guss vor. Zuerst steckte er einen weiten Kreis. Dann machte er ein Feuer und siedete das Blei, in das er einige Tropfen seines eigenen Blutes mischte. Es war eine sternenklare Winternacht. Während der Arbeit kam plötzlich ein furchtbarer Sturm auf, die Bäume bogen sich, es schien, als wollten sie den Frevler der Heiligen Nacht erschlagen. Da packte den Stauden-Friedl die Angst. Er lief, so schnell er konnte, nach Mieders und erreichte gerade noch den Segen der Mitternachtsmette. Dies war nämlich die Voraussetzung, um dem Bann des Teufels zu entfliehen.

Nach einigen Tagen ging er nochmals nach Gleins, um die Stelle, wo er freventlich Freikugeln gießen wollte, aufzuräumen. Zu seiner Verwunderung fand er aber kein Brennholz, keine Feuerstelle, keine Fußspuren. Da gelobte er der Muttergottes auf der Waldrast, ein anderer Mensch zu werden.

Der Wildmöser See

Zwischen den Eulenwiesen und dem Waldraster Jöchl breitet sich ein unterirdischer See aus, dessen Oberfläche nur als Sumpfwiese sichtbar ist. Es handelt sich um den Wildmöser See. Auf der Stubaier Seite entspringt hier der Zirkenbach, auf der Wipptaler Seite das Maderbachl.

Einmal, vor langer Zeit, wagte es eine Bötin, um den Weg abzukürzen, über die Sumpfwiese zu gehen – und verschwand. Später dann wurde ihre Leiche bei Hall aus dem Inn gefischt. Unterirdische Kanäle mit Strudeln führen nämlich von diesem See bis zum Inn. – Manchmal hört man das unterirdische Rauschen des Wassers bis Mieders. Nach einer alten Prophezeiung wird der See einmal ganz Mieders überschwemmen, wie es vor vielen Jahren schon einmal geschehen ist. Wo heute das erste Haus in Mieders steht, war einst das letzte. Das alte Dorf liegt unter dem Murkegel begraben.

Mieders

Des Webers Wichtel

Zielpunkt: Europabrücke, 980 m (über den Stollensteig)
Schwierigkeit: Keine
Gehzeiten: ↓ 1½ Std., ↑ 1 Std.
Höhenunterschied: 80 m
Talort: Mieders, 953 m
Ausgangspunkt: Gasthaus Kirchbrücke, Parkmöglichkeit
Einkehrmöglichkeit: Gasthaus Kirchbrücke, 900 m
Beste Wanderzeit: Frühjahr – Sommer

Wegverlauf

Vom Gasthaus Kirchbrücke kurz zurück Richtung Mieders, dann auf dem gut markierten „Stollensteig" talaus zur Europabrücke – eine botanisch interessante Wanderung mit seltenen Blumen und Pflanzen.
Dieser schattige Weg bis kurz vor die Europabrücke ist an heißen Tagen besonders empfehlenswert. Er soll angeblich dem alten Uferweg entlang des ehemaligen Sees, der hier einmal war, folgen. Am besten kehrt man auf demselben Weg zum Ausgangspunkt Kirchbrücke zurück.
Auf der gegenüberliegenden Talseite unterhalb des Gallhofes wurde ein rätisches Quellheiligtum freigelegt.

Und so erzählt die Sage:

Beim Weberbauern in Mieders, hinter dem Kalvarienberg, trieb vor vielen Jahren ein Wichtel sein Unwesen in Haus und Stall. Als die Belästigungen unerträglich wurden, beschloss der Weberbauer, das Haus zu verkaufen und irgendwo neu anzufangen. Nachdem er ein geeignetes Gut gefunden und allen Hausrat auf einen Wagen geladen hatte, schrie das Wichtel zum größten Erstaunen der Bauersleute von der Fuhre herunter: „Ich komme selbstverständlich auch mit." Daraufhin sagten sich die Bauersleute: »Wenn das Wichtel auch mitfährt, so ändert sich für uns nichts". Also blieben sie und suchten Rat beim Pfarrer. Gemeinsam befestigten sie nun unter Beten und Segnen ein großes Kreuz am Scheunengiebel. Von da

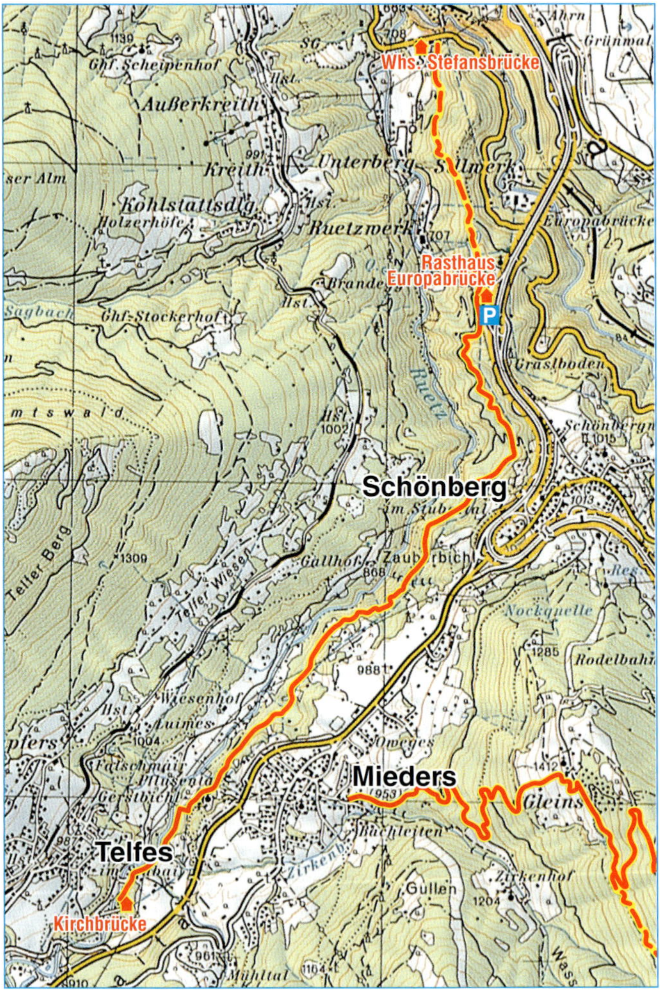

an hatten die Leute beim Weberbauern Ruhe von dem Plaggeist. Das Kreuz hängt heute noch am Scheunengiebel.

Der große See von Stubai

Vor einigen Jahrhunderten war das halbe Stubaital von Unterberg bis Fulpmes von einem riesengroßen See ausgefüllt. Der

See soll von wunderbarer Schönheit gewesen sein. Doch zur Zeit Maria Theresias wurde er abgelassen. Fruchtbares Acker- und Weideland wurde so gewonnen.

Die gestörte Grabesruhe

Oberhalb des Stollensteiges liegt am Eingang ins Stubai der Ort Schönberg. Weit im Tiroler Land bekannt ist der wieder in Stand gesetzte Gasthof Domanig. Vor vielen, vielen Jahren, als die reiche Domanigwirtin starb und zu Grabe getragen wurde, beobachtete einer der Knechte, dass der wertvolle Ring an ihrem Finger verblieben war, als man sie in den Sarg legte. In der Nacht nach der Beerdigung schlich er nun auf den Friedhof, öffnete das Grab und brach den Sarg auf. Tatsächlich, der Ring steckte noch am Finger. Da er ihn aber nicht abstreifen konnte, nahm er das Sackmesser, um den Finger samt Ring abzuschneiden. Gerade als er das Messer ansetzen wollte, schlug die Wirtin die Augen auf und erhob sich – sie war nämlich nur scheintot. Der Knecht hetzte daraufhin über alle Berge, fand aber keine Ruhe mehr. Die Wirtin jedoch hat noch viele Jahre gelebt, aber man sah sie nie mehr lachen.

Der uralte, behäbige Domanighof wurde erst in jüngster Vergangenheit wieder vorbildlich renoviert.

Tour
3

Telfes

Die sieben Brüder

Zielpunkt: Burghügel in Telfes, 990 m
Schwierigkeit: Spaziergang (Rundwanderung)
Gehzeiten: 2½ Std.
Höhenunterschied: 100 m
Talort: Fulpmes, 937 m
Ausgangspunkt: Bahnhof Fulpmes, Parkplatz, 913 m
Einkehrmöglichkeit: Gasthaus Kirchbrücke und Gasthöfe in Telfes
Beste Wanderzeit: Frühling bis Spätherbst

Wegverlauf

Vom Bahnhof kurzer Abstieg zur Forchachkapelle. Auf gutem Weg weiter bis Kirchbrücke, von dort links hinauf Richtung Telfes. Ansteigend bis zu den Telfer Feldern. Von dort herrlicher Rundblick. Kurz vor den ersten Häusern von Telfes ist rechts der Burghügel erkennbar. Von hier sieht man im Nordwesten die Versteinerten Brüder der Schlicker Kalkkögel. Der Weg führt nun bis Plöven und zurück zum Ausgangspunkt.
Von Telfes aus ist auf der gegenüberliegenden Talseite das „Gschnalls“ zu sehen, eine Gegend, in der die weiter unten erzählte Sage spielt.

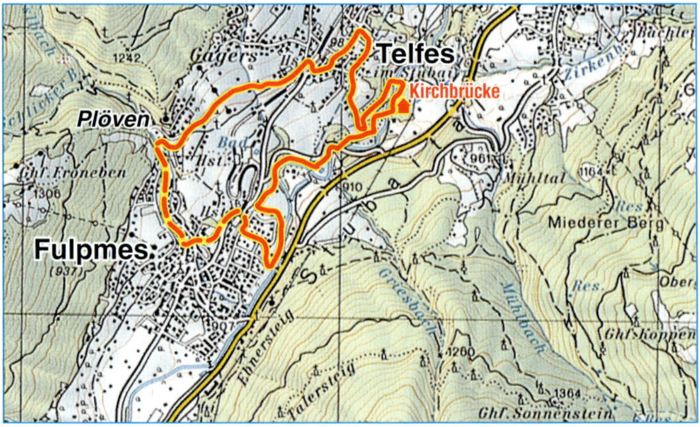

Eindrucksvolle Schauseite der Kalkkögel, v. l. n. r.: Schlicker Mandln, Schlicker Seespitz. Riepen- und Ochsenwand – Wohnort mehrerer Stubaier Sagengestalten.

Und so erzählt die Sage:

Am südlichen Ende von Telfes erhebt sich ein einsamer Hügel. Wo jetzt manches Jahr ein wogendes Ährenfeld golden in der Sonne funkelt, ragten vor vielen, vielen Jahren die Türme und Zinnen eines stolzen Schlosses in den Stubaier Himmel. Hier hauste Ritter Kuno und sein blondlockiges Töchterlein. Die edle Burgfrau, des Kunos Gattin, schlummerte schon viele Jahre unten in der Schlosskapelle, und täglich schmückte die schöne Elsa das Grab ihrer geliebten Mutter mit Blumen.

Eines Tages, als der Sonnenstein, der Vorgipfel der Serles, in den letzten Strahlen der Sonne aufleuchtete, kam ein stattlicher Jüngling mit einer Harfe zum Schlosstor. Da der Vater mit den benachbarten Sonnenburgern auf Gämsenjagd war, öffnete die schöne Elsa dem Sänger das Tor und hieß ihn willkommen. Der Sänger war nicht wenig erstaunt über den Anblick des schönen Fräuleins. Bald erklangen die schönsten Weisen in den Hallen der Burg und ein Zauber verbreitete sich. Das Fräulein spürte das

Feuer der Liebe, das der Sänger in ihr entfachte. Es kannte dieses liebliche Gefühl in dieser rauen Männergesellschaft auf der Burg bisher nicht.

Der Mond beleuchtete mit silbernen Strahlen das Glück der ersten Liebe. Tränen der Freude rollten dem Mädchen über die Wangen. Ein kurzes Stündchen saßen sie glücklich beisammen, Hand in Hand, und erzählten von ihren Schicksalen.

Peppo, der Kammerdiener, hatte sie heimlich beobachtet, sattelte sein Pferd und hetzte eilig dem Ampferstein zu, um seinem Herrn und Gebieter zu berichten, was sich im Schloss zugetragen hatte.

Es dauerte nicht lange, da hörten sie das Getrampel und Wiehern der Pferde. Früher als erwartet brüllte Ritter Kuno zur Tür herein: „Hört, ihr Gesellen, fasst den frechen Burschen, der es wagt, ohne mein Wissen meine Tochter zu betören!"

Die beiden Verliebten standen da, starr vor Entsetzen. Elsa flehte auf den Knien um Gnade für ihren Sänger. Dieser zog einen Dolch, welcher im Fackelschein funkelte. Unwillkürlich schreckten alle vor dem Sänger zurück.

Sinnlos vor Wut schrie der Schlossherr, sein liebes Kind von sich stoßend: „Heute noch wird Elsa einen von den sieben Sonnenburgern heiraten. Das Los soll entscheiden! Und du windiger Schuft, du verlotterter Sänger, sollst Zeuge der Trauung sein."

„Peppo, lauf hinunter in den Schlosshof und rufe meine Jagdgäste, die Sonnenburger, dann hole den Burgpfaffen, damit er die Trauung vollziehe."

Der Sänger hielt mit gezogenem Dolch die Burgknechte in Schach – die schöne Elsa kniete flehend am Boden.

Jetzt klirrten die Sporen auf der Wendeltreppe, und sieben wilde Gestalten mit struppigen Bärten stürmten zur Tür herein.

„Auf, ihr Herren, werft das Los um die Braut. Der Glückliche kann sie als Gattin mitnehmen." Als die Sonnenburger die Würfel warfen, kam gerade der greise Schlosskaplan bei der Tür herein. „Friede im Namen Gottes", durchtönte des Kaplans Stimme den großen Rittersaal.

„Unter diesen Umständen kann ich die heilige Handlung nicht vollziehen", sprach der geistliche Herr.

„Was, du wagst es zu trotzen?", donnerte der mächtige Ritter Kuno. „Aufs Rad mit dir, du Pfaff, mitsamt dem Sänger!"

Gleichzeitig stand Elsa auf und suchte Schutz beim Sänger, ihrem von Herzen Geliebten. Schon wollte Ritter Kuno mit dem

Die Kirche von Telfes vor dem Hintergrund der Serles, die im Stubai Sonnenstein genannt wird

erhobenen Schwert auf die beiden losgehen, da stellte sich der Priester schützend vor sie.

„Halt!“, sprach er, „Zuerst sitze zu Gericht, dann fälle das Urteil.“

„Aus dem Weg, du Hund“, brüllte voller Wut der Ritter und gab ihm einen Fußtritt. Kaum war das Unglaubliche geschehen, hörte man ein Dröhnen und spürte ein Beben. Die Bilder der Ahnen fielen von den Wänden. Schreckensbleich standen alle da. Da, ein Blitz fuhr vom Himmel. Der Schlosskaplan und der Sänger mit seiner Geliebten bedeckten ihr Gesicht vor dem gleißenden Licht. Wie erschraken sie, als sie sich zitternd mitten in einem Kornacker wiederfanden: Kein Schloss war mehr zu finden, keine böse Stimme mehr zu hören.

Das herrliche Schloss war versunken, der Ritter Kuno aber schaut mit den sieben Sonnenburgern versteinert von den Schlickertürmen herunter ins Tal – bis zum heutigen Tag. Der Acker, wo einst das Schloss stand, heißt heute noch Burgacker.

Der Schlosskaplan segnete die beiden Verliebten und flog, sich in eine weiße Taube verwandelnd, davon.

Der „Gschnalsjuzer“

Auf der Bergseite zwischen Ruetzbrücke und Griesbach, Telfes gegenüber, liegt der düstere, geheimnisvolle Gschnalserwald.

Vor vielen, vielen Jahren lebte in Fulpmes ein schneidiger Schmiedegeselle. Er liebte Kartenspiel und Wein und war bei jedem Tanz dabei. So manches Mädchen hat er verführt, um sie dann mit Spott sitzen zu lassen. So kam es auch, dass ein junges Mädchen sein uneheliches Kind bei der „Schinterplatzkapelle“ in seiner Verzweiflung eingrub und dann seinem Leben in der Ruetz ein Ende setzte. Dies geschah in der Heiligen Nacht, als der leichtsinnige Schmiedegeselle gerade von Mieders Richtung Fulpmes wanderte. In vollem Übermut jauchzte er, er ließ Juchzer um Juchzer los. Er wusste nicht, dass zu dieser Zeit seine verschmähte Geliebte in den Fluten des Ruetzbaches den Tod suchte.

Im Gschnalserwald angekommen, hörte er einen, der ebenfalls juchzte, und dabei immer näher kam. „Und wenn's der Teufel selber wär, ich rauf mit ihm“, schrie er und lachte dazu.

Im selben Augenblick war der unbekannte Juchzer hinter ihm, drückte ihm die Krallen in den Hals und trug ihn in der Luft davon, genau dorthin, wo das uneheliche Kind begraben lag.

Von diesem Tag an war der fidele Schmiedegeselle verschwunden. Nur das dämonische „Juchzen“ hört man noch in Vollmondnächten. Auch ein geheimnisvolles Licht sieht man heute noch öfters im Gschnals.

Telfes

Der Stockerriese

Zielpunkt: Stockerhof (Kreith), 1156 m
Schwierigkeit: Leichte Familienwanderung
Gehzeiten: ↑ 1½ Std., ↓ 1½ Std.
Höhenunterschied: 150 m
Talort: Telfes, 985 m
Ausgangspunkt: Telfes-Kapfers, 1050 m
Einkehrmöglichkeit: Stockerhof
Beste Wanderzeit: Frühling bis Spätherbst

Wegverlauf

Der Weg Nr. 7 führt zuerst durch die blumenreichen Telfeser Wiesen, um dann – gut beschildert – links mäßig steil und zum Schluss leicht bergab zum Stockerhof zu leiten. Die Lärchenwiesen sind Reste mittelalterlicher Brandrodung.
Wem der Rückweg zu weit ist, kann von Kreith aus (steiler Abstieg) oder von der Haltestelle „Telfeser Wiesen“ mit der Stubaitalbahn zum Ausgangspunkt zurückfahren.

Ein beliebtes Ausflugsziel ist der Stockerhof, die sagenhafte Heimat des Stockerriesen. Im Hintergrund die Nordkette über dem Inntal.

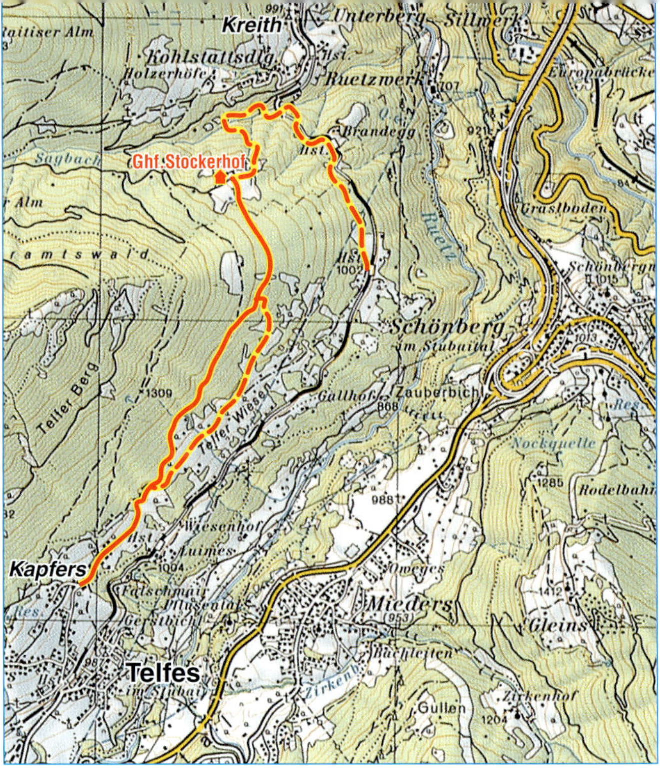

Und so erzählt die Sage:

Über Jahrhunderte bereits ging ein Streit zwischen den Bewohnern von Kreith und von Raitis. Der Verlauf der Gemeindegrenze war jedes Mal die Ursache der Auseinandersetzungen. Nun lebte damals oberhalb von Kreith, wo heute der Stockerhof steht, ein Geschlecht von Riesen. Und einen davon, den Stockerriesen, wählten die beiden Streitparteien eines Tages zum Schiedsrichter. Der Riese sollte oberhalb seines Hofes ein Stück Felsen herausbrechen und den Gesteinskoloss zwischen die Gemeinden Kreith und Raitis werfen. Dort wo der Stein zu liegen käme, da sollte für alle Zukunft die Gemeindegrenze sein. Der Riese tat, wie besprochen. Durch die Gewalt des Wurfes und die Größe des Felsens fuhr der Stein so tief in das Erdreich, dass er heute noch als Markstein zwischen Kreith und Raitis zu sehen ist.

Telfes

Die Hexen von der Saile

Zielpunkt: Halslkapelle am Übergang in die Axamer Lizum, 1992 m
Schwierigkeit: leicht, aber Ausdauer erforderlich
Gehzeiten: ↑ 3½ Std., ↓ 2½ Std.
Höhenunterschied: 1000 m
Talort: Telfes, 985 m
Ausgangspunkt: Telfes-Kapfers, Parkplatz, 1100 m
Einkehrmöglichkeit: Pfarrachalm
Beste Wanderzeit: Frühsommer und Herbst

Wegverlauf

Eigentlich handelt es sich bei dieser Route um den alten Telfer Bittprozessionsweg zur Halslkapelle, wo man Gott um gute Ernte bat und den Schutz vor Hagel und Unwetter herunterflehte. Denn Unwetter und ihre verheerenden Folgen bedeuteten bittere Not und Hungerszeiten.

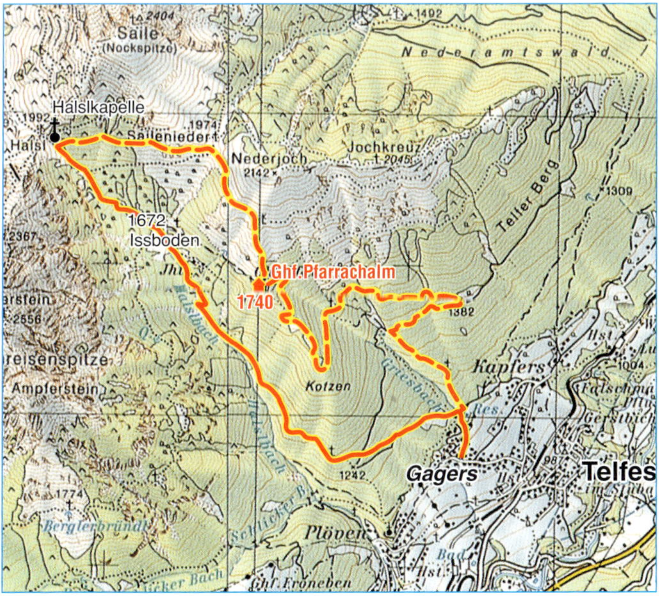

Die Halslkapelle, 1992 m, knapp unterhalb des gleichnamigen Überganges in die Axamer Lizum.

Dieser Weg zur Halslkapelle führt in eine Hochgebirgslandschaft mit prachtvoller Rundsicht.
Vom Weiler Kapfers wandert man rund eine halbe Stunde auf dem Güterweg Richtung Pfarrachalm bis zu einer Abzweigung. Nun links hinauf zum Issboden, 1672 m, und von da zur bereits sichtbaren kleinen Kapelle knapp unterhalb des Halsls, 1992 m. Für den Rückweg folgt man dem leicht abfallenden Steig über Sailenieder, 1974 m, zur Pfarrachalm, 1740 m, und entweder dem Güterweg folgend oder über Abkürzungen zurück zum Ausgangspunkt in Kapfers.

Und so erzählt die Sage:

Was die Hexen anbelangt, gibt es im Stubai viel zu erzählen. Jeden Donnerstag versammeln sie sich zum Hexensabbat am Sailjoch. Dort brauen sie die bösen Unwetter zusammen, und wenn im Telfeser Kirchturm nicht die große Wetterglocke hängen würde, dann wären die schönsten Wiesen und Kornäcker in Telfes schon längst vermurte Schuttflächen.

Der Mesner in Telfes hatte von alters her den strengen Auftrag, rechtzeitig die große Glocke zu läuten. Versäumte er es oder kam zu spät, lagen nicht selten an die tausend Getreideschober

Blick auf Fulpmes. Im Hintergrund links die Marchreisenspitze und Ampferstein. Der tiefe Einschnitt in der Bildmitte markiert das Halsl, rechts davon erhebt sich die Saile, vom Inntal aus Nockspitze genannt

Das doppelbalkige „Scheyrerkreuz“, welches fast auf jedem alten Bauernhaus zu sehen war, soll nach dem Glauben unserer Vorfahren neben Schutz und Segen auch Hexen und böse Geister fern halten und von allen Unwettern verschonen (1766 urkundlich erwähnt).

vom Hagel zerschlagen am Boden. Für das rechtzeitige und erfolgreiche Läuten erhielt der Mesner von den Bauern im Herbst seinen Lohn in Naturalien. Die mächtige Glocke von Telfes hatte einen besonders eindringlichen tiefen Klang, der sich über die Jöcher erhob, sodass die Sailehexen machtlos waren. Umso öfter gingen dann die Unwetter über das bedauernswerte Nachbardorf Kreith nieder, das keine so machtvolle Glocke besaß. Daraufhin boten die Kreither Bauern der Gemeinde Telfes 2000 Gulden – den Preis für einen schönen Hof – unter der Bedingung, dass die Glocke bei Unwetter nicht mehr geläutet werde. Die Telfer gingen auf diesen Handel natürlich nicht ein.

Der verhexte Ochs

Dem Pranterbauern in Telfes spielten einst die Hexen einen argen Streich. Er hatte ein Prachtstück von einem fetten Ochsen auf der Alm unter dem Sailjoch. Da kam ein Hirte aufgeregt zum Bauern nach Telfes gelaufen. Der schöne Ochse sei verhext und er solle schnell hinaufkommen.

Der Bauer wollte es anfangs nicht glauben, nahm aber doch geweihtes Salz und eilte in Richtung Saile. Aber es war bereits zu spät. Der Ochse stand wohl noch auf der Alm, bestand aber nur mehr aus Haut und Knochen und zitterte wie Espenlaub. Die Hexen hatten bei einem Fest dem Ochsen das schönste Fleisch von den Knochen heruntergezaubert.

Die Kaserstattalm, 1890 m, hoch über Neustift vor dem Alpeiner Ferner (S. 52)

Die Telfeser Wiesen sind ein Landschaftskleinod und Wanderparadies. Hierher flüchtete der Umesberger Riese vor den aufgebrachten Bauern (S. 44)

Fulpmes mit dem Elfer im Hintergrund (S. 16)

Fulpmes

König Serles

Zielpunkt: Serles, 2718 m
Schwierigkeit: Anspruchsvoll, Trittsicherheit und Ausdauer erforderlich
Gehzeiten: ↑ 4½ Std., ↓ 4 Std.
Höhenunterschied: 1700 m (!)
Talort: Fulpmes, 913 m
Ausgangspunkt: Fulpmes, 913 m, oder Kampl, 980 m, gute Parkmöglichkeit
Einkehrmöglichkeit: Wildeben
Beste Wanderzeit: Sommer bis Spätherbst

Wegverlauf

Obwohl der Aufstieg zur Serles über Maria Waldrast kürzer und bequemer ist, möchte ich doch den „alten Stubaier Weg",

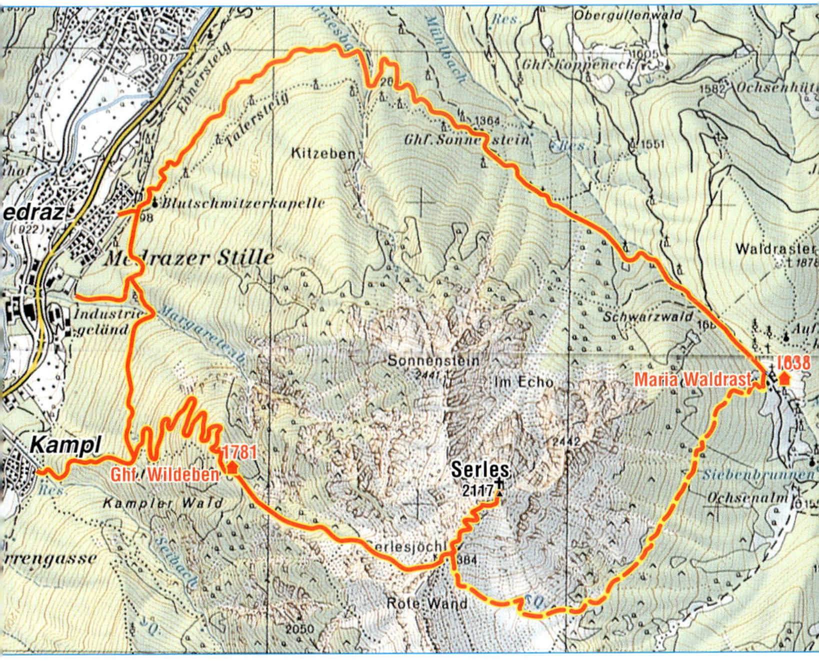

Die Serles, steinerne Schönheit und Aussichtswarte ersten Ranges, beherrscht den Eingang ins Stubai und Wipptal, im Hintergrund rechts lugt der Habicht hervor.

der durch alle alpinen Vegetationszonen aufwärts steigt, empfehlen: Von Fulpmes oder Kampl auf markiertem Steig über den schönen Aussichtsplatz Wildeben zum Serlesjöchl, dann auf dem Waldraster Steig und über den Gipfelaufbau zum Gipfelkreuz (besonders beeindruckend ist der Sonnenaufgang auf der Serles).

Und so erzählt die Sage:

Auf den Felsen hoch über Mieders stand einst ein Schloss, in dem der wilde Ritter Serles mit seinem Weibe und den beiden Söhnen hauste. Die Untertanen fürchteten seinen Jähzorn, seine Herzenshärte und Grausamkeit. Einmal jagten er und seine Söhne mit Pferden und Hunden durch das reife Korn und hetzten mit den Hunden das Weidevieh, bis es tot zusammenbrach. Auch das Flehen und Bitten eines alten Bauern half nichts, sie hetzten die Hunde sogar auf dessen Sohn, sodass dieser nur durch Zufall nicht zerfleischt wurde.

Als schließlich der alte Bauer mit Peitschenhieben verjagt wurde, erhob er seine rechte Hand zum Himmel und sprach ei-

Am Aufstieg zur Serles: Marmorköpfl (links) und Serlesspitze (rechts)

nen Fluch über die Frevler. Da brach der Zorn des Himmels los, es entstand ein furchtbares Dröhnen, Krachen und Blitzen, und vom stolzen Ritter Serles und seinen beiden Söhnen war plötzlich nichts mehr zu sehen. Der Himmel rächte die Untat. Dort, wo einst das schöne Schloss stand, erhebt sich nun die wild zerrissene Serlesspitze, ein dreigeteilter Gipfel: der für seine Freveltaten versteinerte Ritter mit seinen Söhnen zur Linken und zur Rechten.

So mahnt der majestätische Felsaufbau heute noch, hoch über dem Stubaital, an vergangene Freveltaten.

Fulpmes-Vergör

Das versunkene Dorf

Zielpunkt: Vergör, 1266 m
Schwierigkeit: Leicht
Ausgangspunkt: Fulpmes, Liftparkplatz
Gehzeiten: ↑ 1 Std., ↓ 1½ Std.,
über Pfurtschell ↑ 2 Std., ↓ 1 Std.
Höhenunterschied: 300 m
Talort: Fulpmes, 913 m
Ausgangspunkt: Fulpmes, Liftparkplatz, 960 m
Einkehrmöglichkeit: Jausenstation Vergör, Pfurtschellhöfe, Gröbenhof
Beste Wanderzeit: Frühling bis Spätherbst

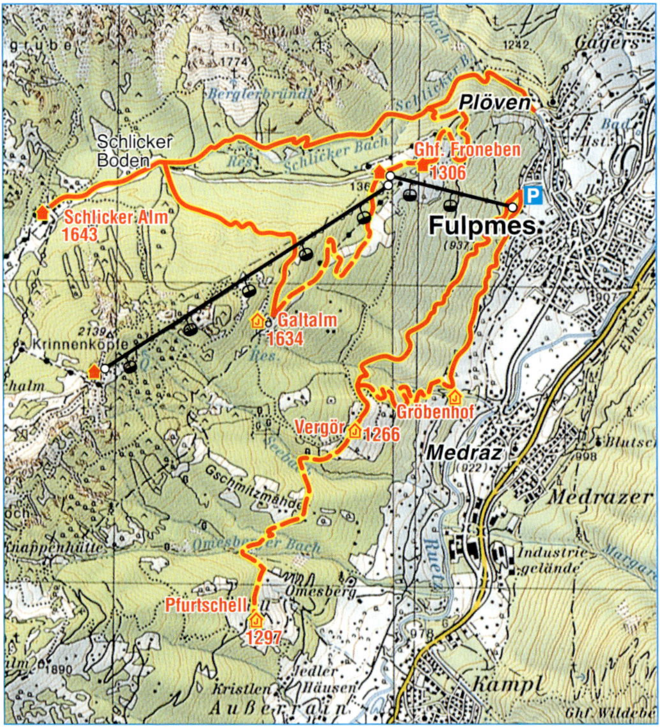

Medraz nach einem alten Stich.
Im Hintergrund Elfer und Zwölfer

Wegverlauf

Mit dem Lift bis Froneben, von dort auf schattigem Steig mit schöner Sicht zum Serleskamm und auf Medraz zu den Berghöfen von Vergör. Wer die Bergeinsamkeit sucht, wandert zu den oberhalb von Vergör liegenden Lärchenwiesen.
Für den Abstieg wählt man den markierten Weg zum Gröbenhof und weiter zum Ausgangspunkt.

Variante

Von Vergör ohne größere Anstrengung in 1 Std. bis zu den Pfurtschellhöfen.

Und so erzählt die Sage:

Ob es ein paar hundert oder tausend Jahre her ist, weiß heute niemand mehr. Damals jedenfalls stand zwischen Medraz und Kampl ein schönes, durch Gold- und Silberbergbau reich gewordenes Dorf mit Namen St. Margarethen.

Die ursprünglichen Bewohner waren einfache tiefgläubige Bauern. Als sie erkannten, dass man durch die Erzgewinnung ein besseres Leben erreichen kann, schlugen sie Stollen am Brand, am Margarethen- und am Seibach.

Nicht jeder konnte jedoch den Reichtum verantwortungsbewusst nützen. Der Neid machte sich breit unter den Nachbarn. Die alten Leute wurden ausgelacht, als sie davor warnten, den Schutzwald am Margarethenbach abzuholzen, um Grubenholz zu gewinnen.

Sonn- und Feiertage wurden nicht mehr gehalten. Statt den Gottesdienst zu besuchen, trafen sie sich im Wirtshaus zum Saufen, Fressen und Raufen und sangen Spottlieder auf den Glauben. Auch die Frauen waren ausgelassen und folgten dem schlechten Beispiel. Alle aßen mit silbernen Löffeln und protzten mit dem neuen Reichtum und dem vielen Geld. Sie spielten mit goldenen Kegeln.

Der Bach, welcher durch das Dorf floss, hieß Margarethenbach. Die Leute vergaßen auch die Schutzpatronin St. Margaretha, die dem Bach und der Kirche ihren Namen gab. Die Kirche ließen sie verlottern, den Bach nannten sie Mühlbach. Sein Wasser trieb aber keine Mühlen mehr, sondern Pochwerke, Schmieden und Blasbälge. Dieser Bach entsprang einem See unweit von Wildeben. Eines Tages brachten nun ein paar Männer mit ihrem Fuhrwerk das gewonnene Silber nach Innsbruck und Hall, um Waren und Salz einzutauschen und zu kaufen.

Als die Männer gegen Abend wieder ins Stubai zurückfuhren, wurden sie Zeugen eines gewaltigen Naturereignisses. Das ganze Tal war in kohlschwarze Wolken gehüllt, aus denen mächtige Blitze hervorschossen. Die Männer trieben die Pferde zur Eile, doch

St. Margarethen in Medraz – erinnert an die Sage vom sündigen Dorf.

Das äußere Stubai von Vergör aus. Im Hintergrund links der Patscherkofel, Innsbrucks Hausberg

die Pferde bäumten sich auf, als der Ruetzbach tosend über die Ufer trat. Die Brücken waren weggerissen und im Fluss trieben Tiere, Häuser und Menschen. Der große Karsee außerhalb von Wildeben war ausgebrochen und der abgeholzte Bannwald konnte keinen Schutz mehr bieten. Jetzt erinnerten sie sich der mahnenden Worte der Magd vom Gröbenhof, die sie einst davongejagt hatten.

Zu ihrem Entsetzen waren weder der Kirchturm noch ein Haus zu sehen. Ein riesiger Murkegel mit haushohen Felsen bedeckte das einst stolze Dorf Margarethen. Die unheimliche Stille, die noch lange Zeit über diesem Unglücksort lag, ist bis heute als Ortsnamen erhalten geblieben: die Medrazer Stille.

Am nächsten Tag versuchten beherzte Männer nach Verschütteten zu graben, da entsprang eine Quelle von besonderem Geschmack. Sie sahen darin ein Zeichen des Himmels und beschlossen, an dieser Stelle zur Sühne für das sündige Dorf eine neue Kirche zu Ehren der heiligen Margaretha zu bauen. Das neue Dorf nannten sie Medraz, was so viel wie Weide oder Atzung bedeutet.

Tour 8

Fulpmes-Plöven

Der Hexenboden am Kreuzjoch

Zielpunkt: Galtalm, 1634 m
Schwierigkeit: Leicht, aber Ausdauer erforderlich
Gehzeiten: ↑ 2½ Std. ↓ 1 Std.
Höhenunterschied: ca. 700 m
Talort: Fulpmes, 913 m
Ausgangspunkt: Plöven, 980 m am Eingang des Schlicker Tales (Parkmöglichkeit am Schlicker Bach)
Einkehrmöglichkeit: Gasthof Schlicker Alm, Galtalm, Froneben-Gasthof
Beste Wanderzeit: Mai bis November

Kartenausschnitt: siehe Seite 32

Wegverlauf

Von Plöven auf dem Güterweg am Schlicker Bach entlang, zuerst ansteigend bis zu einer Weggabelung (½ Std.). Von hier mit wenig Steigung immer den Bach entlang in das Schlicker Tal. Am Schlicker Boden (Bergwiesen), wo der Steig in den Güterweg mündet, zweigt Richtung Süden ein gut markierter Weg zur Galtalm ab. Die Schlicker Alm mit dem Kirchlein von Clemens Holzmeister ladet zum Besuch ein. Die Galtalm bildet einen großartigen Aussichtspunkt.
Für den Abstieg wählt man am besten den Güterweg über Froneben, der direkt nach Plöven zum Ausgangspunkt führt.

Herbstlicher Blick von der Galtalm auf Telfes (links), Schönberg (Mitte im Hintergrund) und Mieders (rechts) vor Patscherkofel und Glungezer

Schlicker-Alm-Kapelle,
im Hintergrund der Hohe Burgstall (Bildmitte)

Und so erzählt die Sage:

Unterhalb von Mieders wohnte in dem uralten Badehaus vor vielen, vielen Jahren ein böses Weib, das seinen Mann durch einen lasterhaften Lebenswandel dermaßen kränkte, dass er bald aus Gram starb. Sie trieb es nun aber nur noch ärger. Überall war sie als Hexe verschrien und gefürchtet, weil sie bei den Bauern und beim Vieh in den Ställen viel Bosheit trieb und großen Schaden anrichtete. Fünf weitere Weiber ihres Schlages schlossen sich ihr an und sie trieben nun gemeinsam ihr Unwesen. Unweit der Galtalm, oberhalb von Froneben, wurden sie von den Galthirten öfter gesehen, wie sie Tänze aufführten. Das Treiben ging so weit, dass sie sogar mit dem Teufel ein Bündnis schlossen. Die Weiber verstörten das Vieh und kochten furchtbare Unwetter, sodass der Schlicker Bach Hab und Gut zerstörte. Nun wandten sich die Miederer an die Geistlichkeit. Nach peinlichem Verhör gestanden die fünf Anhängerinnen ihr Treiben und schworen ihrer Anführerin ab. Die Hexe aber trieb ihr Unwesen noch weitere fünf Jahre, bis ihr die Stunde schlug. Es war an einem herrlichen Junitag, als plötzlich aus blauem Himmel ein fürchterliches Donnerwetter mit verheerenden Muren über die armen Dörfer Mieders, Telfes und Fulpmes niederging. Am nächsten Tag wollte man die

Hexe festnehmen, denn man war überzeugt, dass sie es war, die das ganze Unglück über die Menschen gebracht hatte; doch sie war nirgends zu finden. In der Nähe des Hexenbodens unweit der Galtalm hörte man Tage später nach einem Blitzschlag einen furchtbaren Schrei und anschließend lautes Stöhnen. Die Hirten von der Galtalm gingen dem unheimlichen Stöhnen nach. Als sie zum Hexenboden kamen, sahen sie die Miederer Hexe in Stücke gerissen. Sie eilten ins Dorf und meldeten es. Die Gemeinde ließ nun die Leichenteile auf einen Haufen zusammentragen und verbrennen. Aus den Flammen aber erhob sich ein Heulen, das im ganzen Tal zu hören war und jeden mit Grausen erfüllte.

Zum Dank, dass der Himmel die Leute im Stubai von dieser Hexe erlöst hatte, wurde am Joch über dem Hexenboden ein Kreuz aufgestellt und mahnt heute noch an die damaligen Ereignisse.

Die Pfarrkirche von Fulpmes vor der Marchreisenspitze in den Kalkkögeln

Tour
9

Fulpmes – Medrazer Stille

Maria Waldrast

Zielpunkt: Maria Waldrast, 1636 m
Schwierigkeit: Leicht
Gehzeiten: ↑ 2½ Std ↓ 2 Std.
Höhenunterschied: 700 m, Var. 100 m
Talort: Fulpmes, 913 m
Ausgangspunkt: Fulpmes-Medrazer Stille, 920 m, Parkmöglichkeit
Einkehrmöglichkeit: Maria Waldrast, Gasthof Sonnenstein
Beste Wanderzeit: Frühling bis Spätherbst

Wegverlauf

Von der Blutschwitzerkapelle in der Medrazer Stille, führt der alte „Taler Steig", begleitet von Kreuzwegstationen, bis Maria Waldrast.
Als Alternative führt ein bequemer Güterweg bis zum Gasthof Sonnenstein und weiter auf dem alten Fulpmer Wallfahrtssteig bis zur Einmündung in den Miederer Güterweg, auf dem man direkt zum Kloster Maria Waldrast gelangt.
Eine weitere Variante bietet der Serleslift von Mieders hinauf zur Bergstation und von dort gemütlich in 1 Std. bis Waldrast.

Und so erzählt die Sage:

Im Jahre 1392 wuchs in einem hohlen Lärchenstock ein Bildnis der Muttergottes und wurde von zwei frommen Hirtenknaben aus Mützens bei Matrei entdeckt. Die beiden ruhten im kühlen Schatten eines Waldes. Auf einmal vernahmen sie ein Klingen, wie von silbernen Glöcklein. Vor ihnen strahlte eine lichtdurchwobene Frauengestalt mit einem Kind am Arm. Voll Staunen und Verwunderung liefen sie den Berg hinunter nach Hause und erzählten, was sie gesehen und erlebt hatten. Es wurde ihnen aber kein Glauben geschenkt. Dennoch eilten einige neugierige Bauern hinauf auf den von den Hirtenknaben bezeichneten Platz und fanden ein wunderschönes Marienbildnis, welches in einem hohlen Lärchenstock wuchs. Dies wurde nun herausgeschnitten und in die Pfarrkirche nach Matrei gebracht. Nach vielen Jahren wurde an der Auffindungsstelle eine Kapelle erbaut, die 1429 vollendet und eingeweiht wurde. Seither wird das Gnadenbild vom Volke hoch verehrt.

Maria Waldrast

Maria Waldrast gehört zu den meistbesuchten Wallfahrtsorten in Tirol: Vom Stubaital aus zu Fuß, von Matrei aus auch mit dem Auto pilgern jedes Jahr Tausende zum Heiligtum hinauf.

Die Wallfahrt brachte für Matrei früher regen Betrieb. Viele übernachteten dort und gingen dann zu Fuß hinauf. Die Wohlhabenden wurden mit Ochsenfuhrwerken gefahren. Man kann sich kaum mehr vorstellen, was es bedeutete, als Joseph II. 1785 das Kloster und die Wallfahrt aufhob und dem Verfall preisgab. Alles Bitten und Vorsprechen in Wien nützte nichts. 1785, am Ostermontag, wurde offiziell die Kirche geschlossen. Die Patres durften noch bis zum 19. August bleiben. An diesem Tag wurde unter Tränen die letzte Kerze ausgelöscht, und unter Teilnahme der gesamten Bevölkerung des Stubai- und Wipptales wurde die Muttergottes nach Matrei gebracht.

Das Kirchengut wurde um einen Spottpreis versteigert, vieles kam in die Pfarren des Tales Stubai. So kamen u. a. auch 40 Meistergeigen nach Fulpmes (Stainer, Amati, Cremoner). Heute existiert nur noch eine einzige. Die anderen gingen in den Wirren und Zeitläufen verloren. Die Gebäude wurden un-

ter der Bedingung versteigert, dass das Dach zerstört werde! Die wertvolle Bibliothek wurde verheizt, geplündert oder ging anderweitig zugrunde. Ein gotisches Kreuz von Michael Pacher kam ebenfalls nach Fulpmes, wurde aber verkauft. So manches schöne Bild, aber auch wertvolle Figuren sind heute noch auf alteingesessenen Höfen, in Kirchen oder Kapellen zu finden.
Doch die Zeit ließ auch die Anordnungen Josephs II. verblassen und nach einigen Jahrzehnten blühte die Wallfahrt wieder auf, ehe ein Jahrhundert später die braunen Gewalthaber meinten, dass für Waldrast im tausendjährigen Reich kein Platz sei. Doch Waldrast überstand auch diese schlimme Zeit, nicht zuletzt durch die Anhänglichkeit der Bevölkerung des Stubai- und des Wipptales.

Der Brand in Telfes

Es war am 8. September 1891, dem Kleinen Frauentag. Die Musikanten und Schützen von Telfes feierten diesen Festtag auf der Waldrast. Als die meisten froh gestimmt den Heimweg antraten, stand zu ihrem Schrecken halb Telfes in Flammen. Durch Unachtsamkeit entzündete sich das Feuer an einem Holzkohle-Bügeleisen. Allerorten fehlte es an Löschwasser und Helfern. Wie durch ein Wunder stoppte das Feuer beim Widum, nur der Tennen war angebrannt.
Es folgten Not und Elend in Telfes, da die gesamte Getreideernte vernichtet war, das Vieh elendig verbrannt und auch aller Hausrat verloren war.

Teufelssteine und Muaterwasser

Unterhalb der Wallfahrtskirche neben einem Stadel liegt ein Stein mit merkwürdigen Vertiefungen. Es handelt sich um einen jener geheimnisvollen Schalensteine, wie sie überall in den Alpen vorkommen und weit in die Vergangenheit zurückweisen. Zwei Reihen von rechteckigen Löchern geben dem Betrachter Rätsel auf. Der Legende nach soll die Muttergottes auf diesem Stein gerastet und an der oberhalb entspringenden Quelle getrunken haben.

Ein solcher vom Volk als Teufelsstein bezeichneter Felsbrocken soll tatsächlich an der Quelle der Sieben Brunnen gelegen sein. Dort hat einmal der Teufel einen Mann an diesen Felsen ge-

Inmitten von Wiesen liegt „die Waldrast“, von Servitenpatres betreutes Kloster mit Wallfahrt.

presst. Es wird aber auch erzählt, dass der Teufel diesen Stein vom gegenüberliegenden Joch zur Wallfahrtskirche Maria Waldrast geworfen haben soll.

An heiligen Stätten liegen Himmel und Hölle oft nahe beisammen und lassen Sagen entstehen, z. B. jene, wonach der alte Egger Bauer beim Kartenspiel den Teufel brauchte, um seinen Hof nicht zu verspielen. Beim Anruf des Teufels verspielte er nie, ja er gewann sogar öfters ein paar Ochsen. Doch da sein Lebensende nahte, reute ihn sein sündhaftes Leben und er wollte sich vom Teufel wieder lossagen. Und weil er keinen anderen Ausweg wusste, unternahm er eine Wallfahrt nach Maria Waldrast, wo er als Büßer sein Leben ändern wollte. Er war jedoch von Sünde und Schuld so beladen, dass ihn siebenmal zwei Rosse nicht hinaufziehen konnten. Ein achtes Paar war auch noch notwendig. Auf der Waldrast haben ihn die Patres in den Weihwasserkessel hineingestellt und gesegnet. Da hat der Teufel furchtbar geschrien und verließ den reuigen Bauern.

Das Volk weiß auch von „heiligen“ Brunnen und Quellen, die wegen ihrer heilenden Kräfte in hohem Ansehen stehen. Auch das so genannte Mutterwasser auf der Waldrast, dessen Name sich wahrscheinlich von der Mutter Gottes ableitet und das vor der Kirche in einen Brunnen fließt, gilt als besonders wirkungsvoll. Sogar Kindersegen wurde in alter Zeit mit dieser Quelle in Verbindung gebracht. Dieses „energiegeladene, rechtsdrehende“ Wasser wird auch heute noch von Jung und Alt aufs Höchste geschätzt.

Tour 10

Fulpmes – Umesberg

Der Schatz am Rastbichl

Zielpunkt: Umesberg, 1020 m
Schwierigkeit: Problemlos, leicht
Gehzeiten: ↑ 1 Std. ↓ 1Std.
Höhenunterschied: 100 m
Talort: Fulpmes, 913 m
Ausgangspunkt: Fulpmes, Dorfmitte, 913 m, Parkmöglichkeit
Einkehrmöglichkeit: Café Riese, Rastbichlhof, Gröbenhof
Beste Wanderzeit: Das ganze Jahr

Wegverlauf

Von der Fulpmer Pfarrkirche Richtung Westen. Vorbei am Feuerwehrhaus, machen wir einen kurzen Halt bei der „Sagererkapelle“, in deren Innerem ein frühgotisches Monumentalkreuz hängt (siehe unten „Das alte Brückenkreuz“). Dann weiter auf leicht ansteigendem Weg bis zum Gröbenhof, dann eben bis zur Brücke, kurz vor Rastbichl, von da rechts ab-

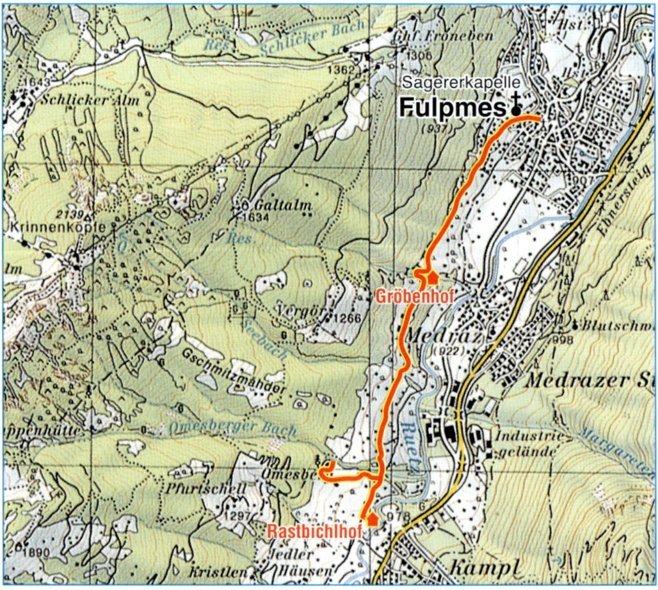

zweigen und bis zum Café Riese. Das alte Heimathaus des „Riesen“ existiert nur noch in der Erinnerung und auf Bildern. Der Name Rastbichl kommt von der Rast, die früher hier gehalten wurde, als die Toten noch von Neustift zum Friedhof in Telfes getragen werden mussten.

Das alte Brückenkreuz

Johann Vergörer aus Fulpmes war als Wanderhändler von Eisenwaren um 1850 wieder einmal mit seiner Kraxe unterwegs nach Südtirol. Dabei übernachtete er öfters im Heu in einem Bauernhof in der Nähe von Sterzing. In diesem Bauernhof sah er eines Tages auf dem Dachboden Teile eines überlebensgroßen Christus am Kreuz, der nach Auskunft des Bauern 1796 bei den Franzosenkriegen arg beschädigt worden war. Aber der Gesichtsausdruck beeindruckte Vergörer derart, dass er den Bauern um das Kruzifix bat. Der Bauer, dem diese Teile schon lange im Weg waren, übergab ihm alles, und Vergörer trug die Teile auf seiner Kraxe nach Fulpmes, wo er sie zusammenbauen und restaurieren ließ. Dann stellte er das überlebensgroße Kreuz am „Schinterplatz“ (jetzt Jägerhäusl) auf.

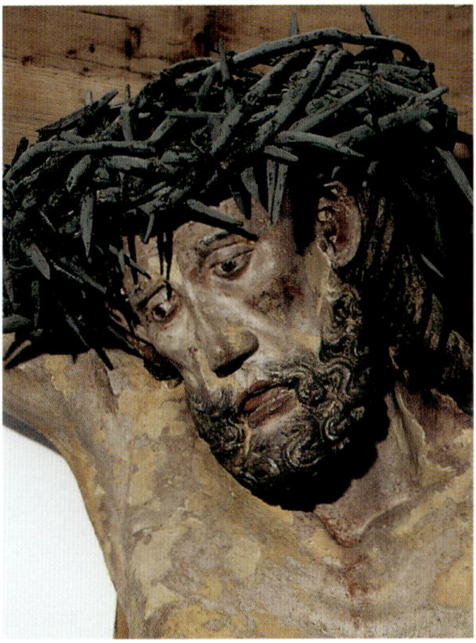

Jahrelang Wind und Wetter ausgesetzt, fiel das Kreuz eines Tages um. Daraufhin wurde es an einem geschützten Platz bei der Kleebrücke aufgestellt. Förderer und Gönner bauten dann für dieses von vielen verehrte Kreuz eine Kapelle am Weg nach Maria Waldrast. Im Zuge des Straßenbaues musste aber die inzwischen bereits baufällig gewordene Kapelle weichen. Nun nahm sich das Bundesdenkmalamt dieses Kreuzes an, das sich als großes Kunstwerk herausstellte: Es ließ das frühgotische Monumentalkreuz aus dem 14. Jahrhundert fachgemäß restaurieren, knüpfte aber die Bedingung daran, dass es in einem geschlossenen Raum aufgehängt werde. So hat das Kreuz nun in der „Sagererkapelle“ einen würdigen Platz gefunden.

Und so erzählt die Sage:

Um Johannis, das ist der 24. Juni, blühen um Mitternacht die Schätze: Ein Lichtschein zeigt an, wo ein Schatz begraben liegt. Viele Leute also wussten, dass auch am Rastbichl, wo der Begräbniszug nach Telfes immer Rast machte, ein Schatz begraben liegt, doch niemand wagte ihn zu heben. Der Platz der alten Totenrast wurde nämlich vom Volk gemieden. Ein junger Bauer aber, der sich vor nichts und niemandem fürchtete, wollte nun den Schatz heben. Es war Mitternacht, er war mit Pickel und Schaufel voll bei der Arbeit, als zwei riesige Männer in uralter Tracht plötzlich dastanden, schweigend, ohne ein Wort zu sagen. Den Schatzgräber erfasste jäher Schrecken, er ließ alles liegen und stehen, ergriff die Flucht und stob über alle Berge davon. Seither hat es niemand mehr gewagt, den Schatz am Rastbichl zu heben.

Der Umesberger Riese

Zwischen Medraz und Neustift wohnte auf einem einsamen Hof am Omesberg (auch: Umesberg) der bärenstarke Martin Tanzer, genannt der Umisberger Riese. Er dürfte um 1650 geboren worden sein. Schon als junger Bursch war er ob seiner Kräfte geachtet und noch mehr gefürchtet. Seine Eltern wussten oft keinen Rat. Einmal hat ihn der Vater um eine Hacke geschickt. Die Hacke war nicht mehr zu finden, denn Martin hackte so tief in den lärchenen Hackstock, dass sie nicht mehr zu sehen war. Ein anderes Mal schickte ihn die Mutter vor das Haus zum Brunnen, um Wasser zu holen. Wie erschrak sie, als Martin unter wildem Krachen den steinernen Brunnentrog bei der Haustüre hereinzog.

In jener Zeit und auch später noch zogen Jahr für Jahr etwa 300 Wanderhändler mit Erzeugnissen aus den Stubaier Schmieden auf ihren Kraxen in die Welt hinaus. Das war für den bärenstarken „Umisberger“ gerade die richtige Herausforderung.

Ein Bild mit Dokumentarcharakter: Der alte sagenumwobene Umesberger Hof existiert nicht mehr.

Mit 90 Kilo Eisenwaren auf seiner Kraxe kam er in Schaffhausen beim Zollamt an und wollte seine schwere Last abstellen. Da brach der Tisch zusammen. Beeindruckt von der übermenschlichen Kraft des Stubaier Riesen gewährte man ihm daraufhin Mautfreiheit auf Lebenszeit. Sein Bild wurde auf das Zollhaus aufgemalt. Auch für die damals geplante Kirche in Neustift hat Tanzer die Felsblöcke für die Bausteine zusammengetragen.

Sein unstillbarer Bärenhunger jedoch trieb ihn aber immer wieder zu unrühmlichen Taten. Alles Essbare stahl er, ja sogar die schönsten Stiere und Ochsen holte er von den Weiden und Almen und verspeiste sie. Eines Tages wurde es den Bauern zu viel, sie fingen ihn und übergaben ihn den kaiserlichen Wachen. Als diese ihn gefesselt nach Innsbruck bringen wollten, zerriss er mit einem Ruck die Stricke, packte den nächsten Gendarmen am Kragen und warf ihn mit einer Hand über ein Brückengeländer.

Von Furcht ergriffen liefen alle davon. Aber auch der Riese

lief davon, doch die Schar der Bauern verfolgte und stellte ihn schließlich in den Telfeser Wiesen. Als am nächsten Tag die Begnadigung des Kaisers eintraf, war es zu spät, denn die Bauern hatten inzwischen den Umesberger Riesen an einem Baum aufgehängt.

Der Maler Damian Asam schuf 1727 die Fresken in der Innsbrucker Domkirche zu St. Jakob. Dass ein Mann nur wegen seines unstillbaren Hungers vom Volk zu Tode gebracht wurde, hat den Künstler so beeindruckt, dass er ihn, mit einer Kette gefesselt, an das Gewölbe malte.

Der Rastbichl: Dieser Bildstock ist Ausdruck der Volksfrömmigkeit und markiert gleichzeitig die Grenze zwischen Fulpmes und Neustift.

Fulpmes – Schlicker See

Die silberne Gans

Zielpunkt: Schlicker See, 2500 m
Schwierigkeit: Hochgebirgswanderung für Geübte; Trittsicherheit erforderlich
Gehzeiten: ↑ 3½ Std., ↓ 3 Std.
Höhenunterschied: 400 m
Talort: Fulpmes, Liftparkplatz, 960 m
Ausgangspunkt: Bergstation der Kreuzjochseilbahn, 2139 m
Einkehrmöglichkeit: Kreuzjochrestaurant, Schlicker Alm, Starkenburger Hütte
Beste Wanderzeit: Juli bis September

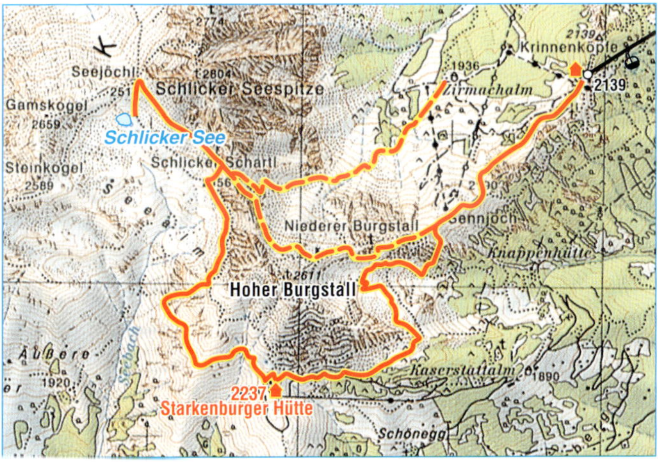

Wegverlauf

Von der Bergstation der Kreuzjochseilbahn auf markiertem, guten Steig zur Starkenburger Hütte, 2229 m, von dort weiter Richtung Adolf-Pichler-Hütte. Unterhalb des Hohen Burgstalls, 2500 m, vorbei zum Seejöchl, 2518 m, und hinunter zum Schlicker See, 2500 m.
Abstieg wie Anstieg oder übers Schlicker Schartl, 2456 m, zurück zur Bergstation der Kreuzjochseilbahn. Achtung, dieser Steig ist stellenweise ausgesetzt!

Eine beschwerlichere Alternative ist der lange Abstieg vom Schlicker Schartl hinunter zur Schlicker Alm und über Froneben nach Fulpmes (1500 m Höhendifferenz!) in etwa 3 Std.

Und so erzählt die Sage:

Gewaltigen grauen Riesenkolossen gleichend, so stehen die Berge im Tal der Schlick. Vom einst herrlichen Schloss inmitten schönster Almen und Bergwiesen ist heute nichts mehr zu sehen. Versteinert sind die Burgen, in denen die sieben Brüder schlummern. Im Felsenschlosse, dort, wo jetzt die Ochsenwand aufragt, wohnt der gespenstische Schatten von Ritter Rudolf, dem einst mächtigen Herrscher von Schlick.

Auf einsamer Höhe spiegelt sich der Himmel in einem kleinen Bergsee und der Wind klagt leise von versunkenem Liebesglück. Bei Vollmond um Mitternacht teilt eine silberne Gans die Wellen und erinnert an vergangene Zeiten.

Damals stand in der Schlick ein wunderschönes Schloss. Dort hauste der mächtige Ritter Rudolf. Eines Nachts, als ein wildes Unwetter niederging, stand ein Zwerg vor dem Schlosstor und bat um Nachtherberge. Der Ritter wollte aber von solchen Bettlern nichts wissen und jagte den Zwerg davon. Daraufhin versprach der Abgewiesene Rache und stieß einen furchtbaren Fluch aus.

Es dauerte nicht lange, da kam ein vornehmer Herr auf einem schwarzen Pferd und bat um Aufnahme. Er wurde freundlich aufgenommen. Ohne viel zu reden lud der Fremde den Ritter Rudolf ein, mit ihm zu kommen – ein wunderschönes Mädchen solle befreit werden. Der Ritter überlegte nicht lange und ritt mit dem Fremden davon.

Nach ein paar Stunden kamen sie zu einem Bergkloster, und der Ritter Rudolf trat ein. Da hat der feine Herr höllisch gelacht. Es war nämlich der Teufel selbst, den der Zwerg angestiftet hatte, für ihn Rache zu nehmen.

Der Ritter hat nun in der Klosterkirche gar Wundersames gesehen und gehört. Eine Jungfrau wurde eingekleidet, gerade wollte die Oberin mit einer Schere die langen blonden Zöpfe abschneiden, da flüsterte eine Stimme dem Ritter ins Ohr: „Das ist die rechte Braut, mit Gewalt hat man sie in dieses Kloster ge-

Der Schlicker See in einer Vollmondnacht mit Blick auf Schlicker Schartl und Burgstall.

bracht. Hol sie dir, nimm sie, befreie sie!“ Es war der unsichtbare Zwerg, der dies flüsterte.

Der Ritter war zwar erschrocken, glaubte aber an eine Stimme vom Himmel. Er sprang vor, holte das Mädchen vom Altar herunter und sprang mit ihr auf das Pferd und ritt in wildem Galopp dem Schloss Schlick zu. Beim Schlicker See angekommen, hat der Ritter dem Mädchen versprochen, es als seine Frau auf das Schloss zu bringen, wo große Hochzeit gefeiert werden sollte. Als die Entführte einwilligte und Treue schwor, wurde sie im selben Augenblick in eine silberne Gans verwandelt und flog zum See.

Der Zwerg aber schaute vom Seespitz herunter und lachte höhnisch und spottete. Der stolze Ritter – erschrocken und ganz außer sich – wollte zum Schloss reiten, er fand es aber nicht mehr. Das Schloss war zu Stein geworden. Wo sich einst schöne Wiesen ausbreiteten, liegen jetzt riesige Schuttkegel.

Seither reitet der einst stolze Ritter in jeder Vollmondnacht als trauriger Büßergeist um den See. Das verwunschene Mädchen aber kann man dann als silberne Gans auf den Wellen des Schlicker Sees schwimmen sehen.

Tour
12

Neustift

Die Kasertörggelen

Zielpunkt: Kartnallhöfe, 1284 m
Schwierigkeit: Leicht; gemütliche Wanderung auf der Sonnenseite
Gehzeiten: ↑ 2 Std., ↓ 1½ Std.
Höhenunterschied: 200 m
Talort: Neustift, 993 m
Ausgangspunkt: Neder, Zeggerbrücke, 970 m (Parken vor der Zeggerbrücke)
Einkehrmöglichkeit: Jausenstation Ebnerhof, Kartnallhöfe
Beste Wanderzeit: Frühjahr bis Spätherbst

Wegverlauf

Von der Zeggerbrücke rechts. Nach der Kapelle erster Weg links bergauf. Bei der Wegteilung links an den alten Ladestathöfen vorbei durch Wiesen und Wald auf gutem Steig zum stattlichen Ebnerhof mit herrlicher Aussicht auf Neustift. Nun weiter auf dem Güterweg leicht ansteigend bis zu den Wie-

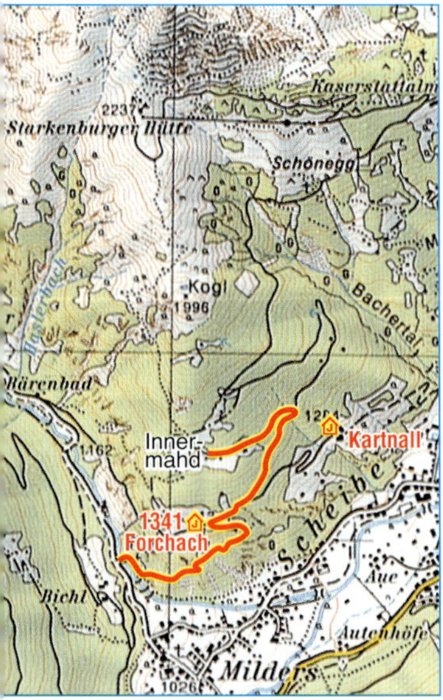

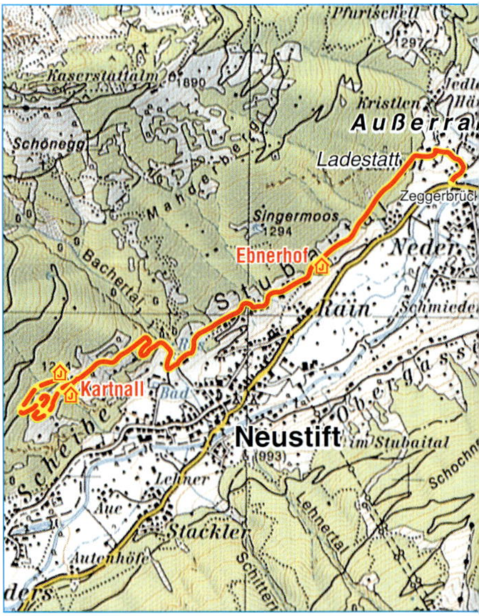

Die Berghöfe von Kartnall

sen des Mahdeberges, dort links die Wegverlängerung auf einem Steig zu den Kartnallhöfen nehmen.
Rückweg wie Anstieg.

Und so erzählt die Sage:

Einmal begegnete ein Knecht, der es mit Liebe und Treue nicht allzu ernst nahm, auf der Straße zwischen Neder und Neustift einigen Kasertörggelen, die gerade von der Alm herunterkamen. Kasertörggelen sind gutmütige Almgeister, meist Verstorbene aus dem Verwandten- und Bekanntenkreis, die ehemals als Knechte oder Dienstboten gearbeitet haben.

Als Letztes humpelte ein kleines Kind in einem Hemd, das viel zu lang war, dem Zuge nach. Immer wieder stolperte es. Der übermütige Bursche fing darüber hell zu lachen an, erstarrte jedoch, als das Kind sagte: „Vater, brauchst nit lachen, du hast mir kein besseres Hemd gegeben.“ Es war sein lediges Kind.

Tour
13

Neustift-Milders

Die Heimsuchung

Zielpunkt: Forchachhof am Eingang des Oberbergtales, 1341 m
Schwierigkeit: Unschwierig, aber Trittsicherheit erforderlich
Gehzeiten: ↑ 1 Std., ↓ ½ Std.
Höhenunterschied: 300 m
Talort: Neustift-Milders, 1026 m
Ausgangspunkt: Milders, oberhalb vom Hotel Almhof (Parkmöglichkeit ober den Wiesen neben der Straße am Bach), 1045 m
Einkehrmöglichkeit: Jausenstation Forchachhof oder Hotel Almhof
Beste Wanderzeit: Frühjahr bis Spätherbst

Kartenausschnitt: siehe Seite 52

Wegverlauf

Auf gut markiertem Weg in etwas steil angelegten Serpentinen aufwärts. Einzigartig sind die gepflegten Blumenwiesen um den Forchachhof. Nun geht es auf dem Güterweg Richtung Kaserstattalm. Nach etwa 1 km bei einer Wegabzweigung links in 10 Minuten zu wunderschönen Lärchenwiesen. Von hier großartige Sicht auf die Stubaier Gletscher.
Rückweg wie Anstieg.

Lärchenwiesen sind das Ergebnis von mittelalterlichen Brandrodungen. Fichten, Föhren und Unterholz brannten nieder. Nur die Lärchen überlebten das Feuer und trieben im nächsten Frühjahr wieder aus.

Glück im Unglück hatten die Leute vom Forchachhof vor vielen Jahren. Sie hatten gera-

Blick auf Neustift. Darüber im Hintergrund die Berghöfe von Kartnall

de den abendlichen Rosenkranz in der Kapelle gebetet und waren auf dem Weg zurück ins Haus. Es herrschte Föhnsturm. Da kam ein gewaltiger Windstoß und riss die alte hölzerne Kapelle über die Felswand.

Und so erzählt die Sage:

Im Jahre 1338 wurde Tirol und auch das Stubai von verheerenden Unwettern, von Hochwasser und letztlich noch von einer furchtbaren Heuschreckenplage heimgesucht. Es waren solche Schwärme, dass man 14 Tage lang die Sonne kaum mehr zu sehen bekam. Alle Wiesen und Äcker und Gärten waren kahl gefressen. Die Überlieferung erzählt, dass die Heuschrecken mit einem „geistlichen Banne" vertrieben worden sind. Es folgte eine Hungersnot, begleitet von Krankheiten. Dazu kam im Jahre 1344 ein großes Erdbeben. Und dann zog die Pest ins Land. Den Großteil der Bevölkerung raffte diese Seuche hinweg, die als Plage Gottes verstanden wurde. Dazu überliefert die Sage: Im Pestjahr 1348, als fast die gesamte Bevölkerung des

Der Forchachhof hoch über Milders nach einem Gewitter

Stubaitales dahinstarb, lagen in Telfes die Toten am Wegrand vom Anfang des Dorfes bis zur Kirche. Telfes war damals einziger Pfarrort des Tales mit einem Friedhof. Mit Ausnahme zweier Leute auf einem entlegenen Bauernhof in Neustift, waren alle gestorben oder sind geflüchtet, obwohl der Verkehr zwischen den Gemeinden wegen der Ansteckungsgefahr bei Todesstrafe verboten war.

Die zwei alten Neustifter, die bisher von der Seuche verschont geblieben waren, saßen eines Abends auf der Hausbank und besprachen sich, was nun werden sollte. Da kam ein spannenlanges Männlein des Weges und sang: „Ich bin so grau und bin so alt, denk Spitzwies zweimal Wies und zweimal Wald. Esst Kranewitt und Bibernell, dann packt euch der Tiesl (Pest) nicht so schnell." Das kleine Männlein war also so alt, dass es die Spitzwiese zweimal als Wald zuwachsen sah. Daraufhin verschwand das Männlein. Die beiden Alten aßen daraufhin Kranewittbeeren (Wacholder) und Bibernell und wurden tatsächlich von der Pest verschont. Später kam das kleine Männlein immer wieder zu den alten Leuten und gab ihnen gute Ratschläge für die Bauernarbeit und zur erfolgreichen Behandlung von Krankheiten.

Die Farben geben den beiden Seen oberhalb der Sulzenauhütte den Namen: Grünausee und Blaue Lacke (S. 78)

Die Schlick am Fuße der Kalkkögel ist ein Wanderparadies für alle Ansprüche.

Tour 14

Neustift-Milders

Der Bär und die Heilquelle

Zielpunkt: Seduck, 1400 m
Schwierigkeit: Ohne Probleme
Gehzeiten: ↑ 2 Std., ↓ 1¾ Std.
Höhenunterschied: 200 m
Ausgangspunkt: Bärenbad, 1248 m (Parken neben der Straße)
Einkehrmöglichkeit: Gasthof Bärenbad, Jausenstation Ilmer, Seduck
Beste Wanderzeit: Mitte Juni wegen des Blütenflors

Wegverlauf

Von der Brücke vor Altbärenbad rechts in einigen Serpentinen auf asphaltierter Straße bis zur Kapelle vor dem Theiserhof. Von der Brücke auf gut gekennzeichnetem Steig vorbei an uralten Höfen zur letzten Dauersiedlung Seduck, von wo man noch die nahe Holderlochalm, Stöckleralm oder Oberissalm besuchen kann.

Und so erzählt die Sage:

Im Oberbergtal, wo der Seebach mit dem Oberbergbach zusammenfließt, liegt auf der linken Seite das Bärenbad. Vor vielen hundert Jahren, als noch Bären und Wölfe in dieser rau-

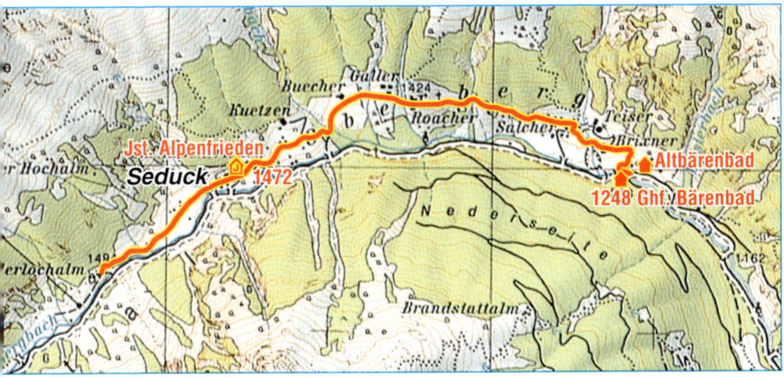

Das 1550 eröffnete Bärenbad
im Stubaier Oberbergtal um 1920

en Gegend hausten, schoss ein Jäger einen Bären an. Das verwundete Tier schleppte sich mühsam weiter, und der Jäger folgte vorsichtig der Blutspur. Seiner Beute bereits sicher, staunte er nicht wenig, als sich der Bär in einem Tümpel nahe einer Quelle wälzte und plötzlich gesund aus dem Wasser sprang und davontrottete.

Der Jäger lief eilig nach Hause und erzählte aufgeregt von dem Erlebnis und dem wundersamen Wasser. Bald suchten auch Menschen diese heilkräftige Quelle auf und vielen wurde geholfen. Seither heißt dieser Ort Bärenbad.

Das Bärenbad

Nachweislich ist das Haus mit dem Bad 1550 entstanden. Ullrich Tandler errichtete ein Badhaus an der heilkräftigen Quelle „für jedermann zu Nutzen“. Dabei durfte er aber zum Erwärmen des Wassers nur Schadholz verwenden – Schad-

Im Seebachtal hoch über Bärenbad. Im Hintergrund
die Zacken der „Schlicker Mandln“ →

Seduck, 1400 m, derzeit die höchste Dauersiedlung des Stubaitales

Die freie Natur ist der herrlichste Spielplatz.

holz, d. h. von Lawinen, Muren oder einem Windwurf beschädigtes Holz. Das Bad war ursprünglich am Bach unterhalb des heutigen Standortes. Im Jahr 1625 verwüsteten die Wassermassen das alte Bärenbad. Der Neubau wurde nun an der Quelle oberhalb des verschütteten Badhauses errichtet. Der Badebetrieb ist schon längst eingestellt, das Gasthaus aber lädt noch heute den Wanderer zur Rast ein.

Neustift

Der Schatz im Rinnensee

Zielpunkt: Rinnensee, 2646 m
Schwierigkeit: Anspruchsvolle Hochalpinwanderung
Gehzeiten: 3 Std.
Höhenunterschied: 900 m
Talort: Neustift-Milders
Ausgangspunkt: Oberissalm, 1742 m (gebührenpflichtiger Parkplatz). Auch mit Almtaxi von Neustift-Milders aus
Einkehrmöglichkeit: Oberissalm, Franz-Senn-Hütte, Alpeiner Alm.
Beste Wanderzeit: Juli bis Oktober

Wegverlauf

Der Normal- oder Sommerweg führt in Serpentinen bis zur Alpeiner Alm, dort über ein ebenes Hochmoor und weiter ansteigend vorbei an gigantischen Felsabstürzen beim Alpeiner Bach zur gut sichtbaren Franz-Senn-Hütte. Der etwas kürzere Winterweg führt vorbei an vom Gletscherschliff geformten Granitfelsen zur Alpeiner Alm. Bis zur Franz-Senn-Hütte ist etwa ein Drittel des Weges geschafft, von da an ziemlich steil. aber auf gutem Hochgebirgssteig zum Rinnensee.

Und so erzählt die Sage:

Noch bevor Menschen in das wildromantische Oberbergtal kamen und es bebauten, lebte hier ein Geschlecht von Riesen. Sie waren stark wie Bären und von so hohem Wuchs, dass sie die Wipfel der alten Bäume mit der Hand fassen konnten. Sie waren aber stumm und hatten keinen Namen.

Da kam eines Tages ein Mann ins Tal. Er trug keine Waffe, nur einen Stab. Mit diesem hätte er wohl nichts gegen die Riesen vermocht. Doch er hatte die Gabe der Sprache. Er redete die Riesen an und gab ihnen Namen. Das machte sie zu seinen Dienern. Sie waren willenlos. So lebte der Mann lange in diesem Tal. Er pflanzte Korn und Obst, denn der Himmel war damals von gesegneter Milde. Das ganze Tal verwandelte sich unter seinen Händen zu einem blühenden Paradies.

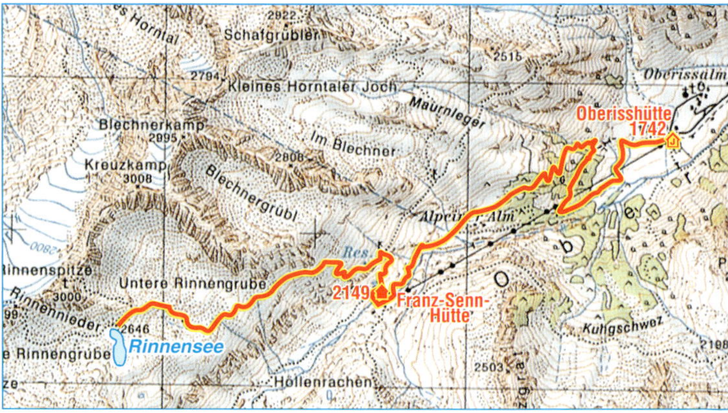

Einer der Riesen aber war böse und duldete keinen Herrn über sich. Lange dachte er nach. Da ging er eines Nachts zu dem Mann – der hieß Arelei –, klopfte an seine Tür, zeigte ihm einen Stein aus Gold und erklärte: „Ich kenne den Goldschatz von Alpein, er liegt nicht weit von hier. Du kannst ihn besitzen, wenn du mir folgst."

„Führe mich hin", befahl Arelei.

„Schenke mir deinen Stab", sagte der Riese, „dann will ich dich führen." Arelei tat es. Da führte ihn der Riese über Berg-

Die Welt erwacht zu neuem Leben: Sonnenaufgang am stillen Rinnensee

wiesen zum Alpeiner Bach und über steile Hänge hinauf zum Rinnensee, wo sich die Ferner spiegeln. Der Riese zeigte nun die funkelnden Steine am Grunde des Sees. Arelei glaubte den Schatz zu erblicken und entbrannte vor Begierde. „Es ist nur der Schein von der Fülle“, erklärte ihm der Riese. „Schneide deine Haare ab, so wirst du den Schatz richtig sehen.“ Der Mann tat es, da war der Boden durchsichtig wie Glas. In der Tiefe sah er Adern von Gold und Edelsteinen, er sah in das Innere der Berge und es kam ihm vor wie ein Königreich. Arelei fiel auf die Knie und flehte den Riesen an: „Ich will alles tun, um den Schatz zu besitzen.“

Da schrie der Riese: „Beiße dir die Zunge aus dem Munde, und du wirst besitzen.“ Und Arelei tat es. Da verfinsterte sich der Himmel. Arelei wollte dem Riesen gebietend rufen. Doch zungenlos konnte er nicht mehr reden. Da war er ohne Macht. Der Riese war fort. Arelei aber lief, wahnsinnig geworden, über die Felswand hinaus und fand im Alpeiner Bach sein Grab.

Das Goldbrünnl von Alpein

Im hintersten Stubaital, wo das Oberbergtal bis zur Eiszunge des Alpeiner Ferners reicht, lag ganz versteckt ein Goldbrünnlein. Ein Hirte aus Mieders hatte im Wasser Goldkörnlein entdeckt, und er siebte den Schatz bei der Dämmerung heraus.

Der Hirte hielt die Fundstelle geheim; auch als sich die Leute wunderten, dass der Hirte einen kleinen Bauernhof kaufte. Einem Büblein aber, das er aus der Taufe gehoben hatte, versprach er das Goldbrünnlein am Alpeiner Ferner zu zeigen, sobald es groß und gescheit genug wäre, ein Geheimnis für sich zu behalten. Doch eines Tages verunglückte der Hirte, der inzwischen Bauer geworden war, noch ehe er sein Versprechen einlösen konnte. Und so nahm er sein Geheimnis mit ins Grab.

Neustift – Pinnistal

Der Pinnisstier

Zielpunkt: Karalm im Pinnistal, 1747 m
Schwierigkeit: Leicht, aber Trittsicherheit erforderlich
Gehzeiten: ↑ 2 Std., ↓ 2 Std. (Normalweg über Herzebenalmen zur Talstation Elferlift)
Höhenunterschied: 100 m Auf-, 820 m Abstieg!
Talort: Neustift, 993 m
Ausgangspunkt: Elferlift, Bergstation, 1794 m
Einkehrmöglichkeit: Pinnisalm, Karalm, Issenanger, Elferhütte, Herzebner Wirt
Beste Wanderzeit: Frühjahr bis Spätherbst

Wegverlauf

Von der Elferlift-Bergstation ½ Std. Aufstieg zur Elferhütte, von dort links leicht ansteigend und dann in langen Kehren in 2 Std. abwärts zur Karalm.
Abstieg über Pinnisalm, Issenanger, Herzeben nach Neder und weiter zur Lift-Talstation. Immer wieder bieten sich Blicke

Die Karalm im hintersten Pinnistal am Fuße des mächtigen Habichts

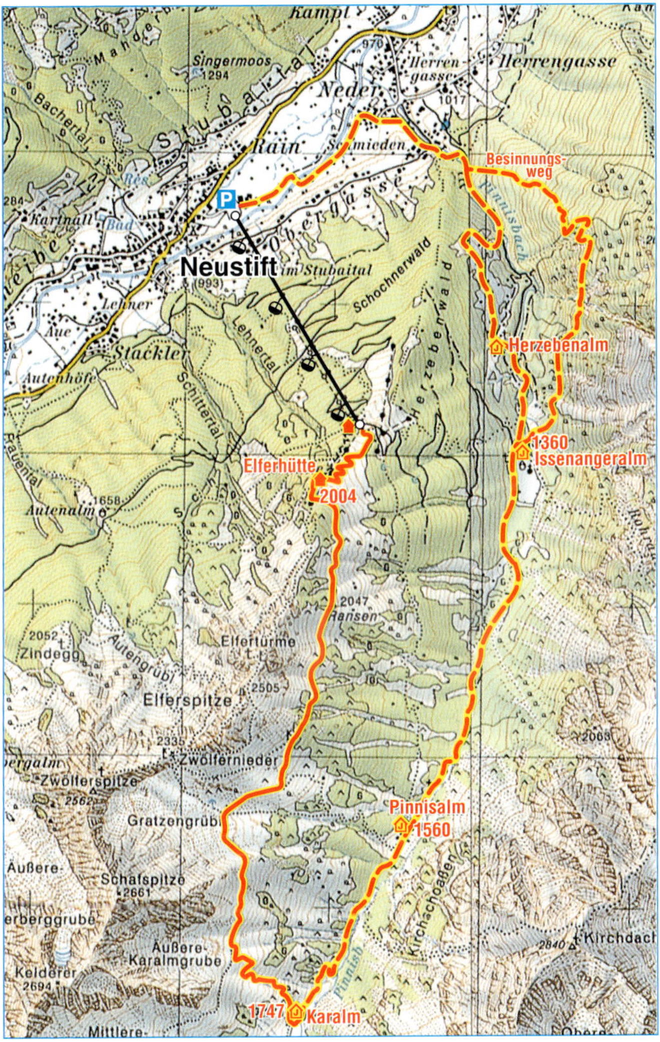

auf die Felswände des auslaufenden Serleskammes, wohin einst der Pinnisstier verbannt wurde.

Abstiegsvariante

Von der Karalm zum Issenanger, aber dann über den „Besin-

Die wunderschöne Issenangeralm, End- bzw. Ausgangspunkt des Besinnungsweges

nungsweg" auf der rechten Talseite nach einem kurzen Abstieg über Serpentinen und Stufen bergauf. Markierter Abstieg zum Pinnistalweg und Ausgangspunkt (empfehlenswert).

Und so erzählt die Sage:

Ein reicher, geldgieriger Händler, der keinen Sonntag und Feiertag hielt, starb plötzlich eines unerklärlichen Todes. Das Volk empfand wenig Trauer. Als der Pfarrer den Sarg segnen wollte, krachte es furchtbar, und der Verstorbene lachte beim Fenster eines nahe gelegenen Hauses herunter. Alle liefen davon und ließen den Sarg allein zurück.

Am nächsten Tag kam der Abt von Wilten, um den Teufel auszutreiben – denn offenkundig handelte es sich hier um Teufelswerk. Furchtbar ist es dabei zugegangen. Plötzlich stand statt des Sarges ein wilder Stier da. Zwei Patres begleiteten nun das unheimliche Tier mit Weihwasser und Gebet und verbannten es in das Pinnistal. Wenn das Wetter umschlägt, hört man heute noch das Brüllen des Stieres in den Kirchdachwänden.

In den gewaltigen Wänden der Kirchdachspitze kann man heute noch gelegentlich das Brüllen des Pinnisstieres hören.

Neustift – Autenalm

Die böse Sennerin

Zielpunkt: Autenalm, 1658 m, Klamperbergalm, 1803 m
Schwierigkeit: Leicht
Gehzeiten: ↑ 2 Std., ↓ 2 Std.
Höhenunterschied: 250 m
Talort: Neustift, 953 m
Ausgangspunkt: Elferlift, Bergstation, 1794 m
Einkehrmöglichkeit: Autenalm, Klamperbergalm, Elfer-Restaurant
Beste Wanderzeit: Juni bis Oktober

Wegverlauf

Von der Elferlift-Bergstation verläuft ein fast ebener Weg durch Zirbenwald, Bergwiesen, weiter durch Birken-, Lat-

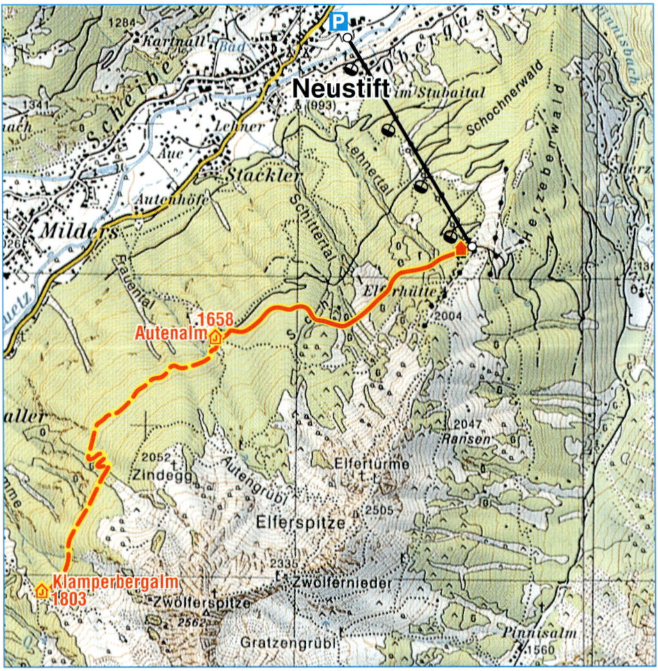

Auf der Autenalm. Gegenüber und tiefer gelegen der Berghof Forchach, dahinter das Oberbergtal

schen- und Fichtenwald zur 400 Jahre alten Autenalm. Von hier in 1 Std. weiter zur Klamperbergalm (davon ½ Std. steile Serpentinen, der übrige Weg ist eben). Der Rundblick, aber auch der Tiefblick ins Tal lohnen die kurze Anstrengung. Der sehr steile Direktabstieg ins Tal ist nicht empfehlenswert. Am besten den Weg zurück zur Elferlift-Bergstation (letzte Talfahrt 17.00 Uhr).

Und so erzählt die Sage:

In alter Zeit soll auf der Autenalm eine böse Sennerin gelebt haben, die Mensch und Tier schlecht behandelte und auch Milch und Butter mutwillig verkommen ließ. Zur Strafe wurde sie in ein wildes Weib mit einem Pferdekopf verwandelt. In stürmischen Nächten hat man sie oft mit einem Besen gesehen. Auf der Innenseite der Kasertür auf der Autenalm war ihr Bild eingeritzt.

Tour
18

Neustift

Die Hexen vom Habicht

Zielpunkt: Milderaunalm, 1671 m
Schwierigkeit: Leichte Familienwanderung
Gehzeiten: ↑ 2 Std., ↓ 1¾ Std.
Höhenunterschied: 670 m
Talort: Neustift, 993 m
Ausgangspunkt: Krössbach, 1100 m (Parken neben der Straße, beschränkte Parkmöglichkeit bei den Oberegghöfen)
Einkehrmöglichkeit: Milderaunalm
Beste Wanderzeit: Juli bis Herbst

Wegverlauf

Von Krössbach ansteigend nach Oberegg (bis hierher auch befahrbar). Auf dem Güterweg weiter zur Milderaunalm. Immer wieder beeindruckende Blicke auf die gewaltige Habichtspitze, die sich jenseits des Tales erhebt, und den Mischbachferner.

Und so erzählt die Sage:

In dunkler Nachtstunde klopfte ein vornehmer Herr auf edlem Pferd in Schönberg an die Tür des Dorfschmieds. Der feine Herr verlangte, dass das Pferd noch in dieser Stunde neu beschlagen werden müsse. Koste es, was es wolle. Der Schmied wollte aber nicht mehr nach dem Feierabendläuten in die Werkstätte. Doch der feine Herr drängte und rief: „Beeil dich, beeil dich, sonst reut es dich.“ Da gab der Schmied nach und führte die verlangte Arbeit aus. Als es aber ans Zahlen ging, lachte der Herr höhnisch und

Der mächtige Habicht durch das Tor eines ausgewaschenen Lawinenkegels gesehen

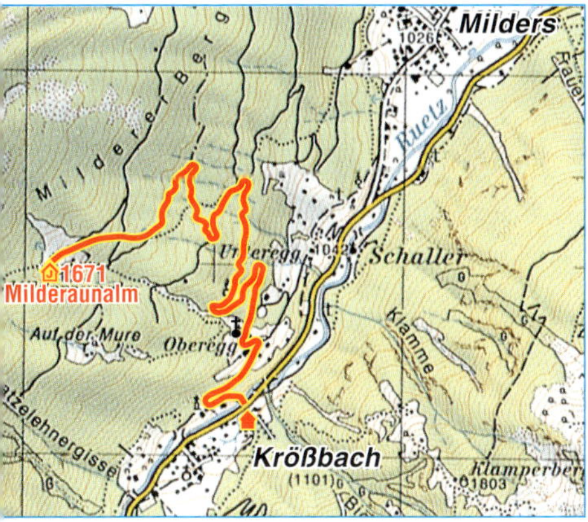

schrie: „Jetzt hast du dein eigen Fleisch und Blut beschlagen – deine Tochter.“ Daraufhin ist er in wilder Fahrt durch das Pinnis auf den Habicht geritten, wo die Hexen ihr Stelldichein haben. Die Tochter des Schmieds war nämlich eine Hexe, die in ein Pferd verwandelt wurde.

Neustift

Der Schatz im Mischbach

Zielpunkt: Mischbachwasserfall, 1250 m
Schwierigkeit: Leicht
Gehzeiten: ↑ ½ Std., ↓ ½ Std.
Höhenunterschied: 100 m
Talort: Neustift, 993 m
Ausgangspunkt: Gasteig, 1150 m, taleinwärts vor Mischbach (Parken neben der Straße)
Einkehrmöglichkeit: Gasteig
Beste Wanderzeit: Mai bis Oktober

Wegverlauf

Von der Straße dem Hinweisschild folgend am linken Bachufer Richtung Wasserfall. Nach etwa 100 m über eine kleine Brücke und am rechten Bachufer auf kurzem steilen Steig bis zu einer Bank. Man befindet sich hier im unteren Drittel des Wasserfalles. Bei der Schneeschmelze im Frühsommer besonders beeindruckend.

Und so erzählt die Sage:

In einer Zeit, als viele Bergknappen den lutherischen Glauben in unser Land brachten, erfuhr einer dieser Knappen aus alten Schriften von einer Kiste voll Gold, die direkt unter dem gewaltigen Mischbachwasserfall vergraben sei. Doch er wagte es nicht, weil er Angst hatte, gesehen und verjagt zu werden. So beschloss er, an einem hohen Festtag, sobald alle Leute beim Hochamt in der Kirche waren, den Schatz freizulegen. Tatsächlich gelang es ihm, die Kiste zu finden und den Decke zu heben. Da wurde er geblendet vom feinblanken Goldsand.

Am Mischbachwasserfall

Gierig beugte er den Kopf in die Kiste. Da warf ein Wasserschwall riesige Steine mit solcher Wucht gegen den Deckel der Schatzkiste, dass der Bergknappe durch den Deckelrand enthauptet wurde – der Kopf lag in der Kiste, der Körper wurde fortgeschwemmt.

Niemand wagte es seither, den Schatz noch einmal zu suchen und freizugraben.

Tour
20

Neustift-Ranalt

Das alte Weiblein

Zielpunkt: Oberhausalm, 1350 m
Schwierigkeit: Leichte Familienwanderung
Gehzeiten: ↑ 2½ Std. ↓ 2 Std.
Höhenunterschied: 200 m
Talort: Neustift, 993 m
Ausgangspunkt: Gasthof Volderau, Haltestelle Falbeson, 1120 m (Parken neben der Straße)
Einkehrmöglichkeit: Gasthaus Volderau, Doadleralm, Oberhausalm
Beste Wanderzeit: Juni bis Oktober

Wegverlauf

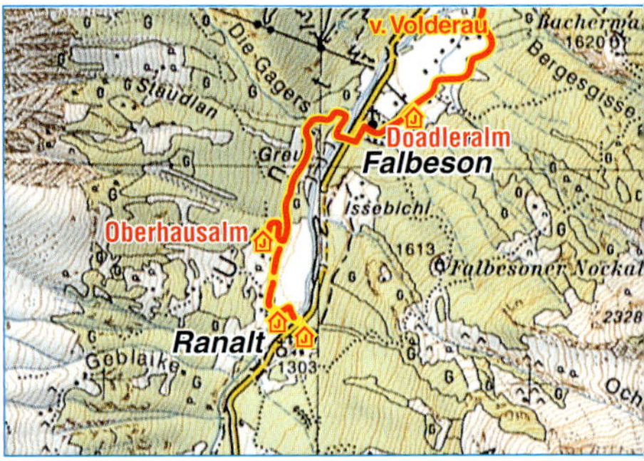

Auf dem bequemen Weg links der Ruetz und der Gletscherstraße entlang durch Klausäuele, vorbei an der Doadleralm in Falbeson, wo man die Straße überquert und über die Brücke etwas ansteigend auf gut gekennzeichnetem Weg zur herrlich gelegenen Oberhausalm aufsteigt. Die Oberhausalm war früher ganzjährig bewohnt und bewirtschaftet. Der wöchentliche Kirchgang zur sonntäglichen Messe in Telfes war fast 20 km lang, eine Strecke, die die Bewohner in ihrem tief verwurzelte Glauben auch bei Regen, Wind und Schnee zurücklegten.

Und so erzählt die Sage:

In Ranalt lebte ein frommes altes Weiblein, das nie die Sonntagsmesse versäumte, aber meist zu spät kam. Es betete auf dem Weg zwar immer den Rosenkranz, brachte ihn aber nie fertig, da es immer wieder mit sich selbst redete.

Ranalt mit Maierspitze und Oberhausalm (rechts am Hang).

Es war zu Weihnachten vor der Mette: Mitternacht war schon längst vorüber und der Pfarrer wartete wie immer auf das Weiblein, obwohl ihn der Mesner bereits zum Anfangen drängte. Als er sich doch entschloss, mit der Feier zu beginnen, fehlte plötzlich das Messbuch, dann verlöschten die Kerzen und schließlich war der Messwein verschüttet. So konnte er die Messe nicht beginnen. Da ging die Kirchtür auf. Voller Schnee humpelte das Weiblein bei der Kirchtür herein. Da war auf einmal wie durch ein Wunder das Messbuch da, die Weinkännchen voll und die Kerzen brannten.

Da erkannte der Pfarrer den Fingerzeig Gottes. Von da an zügelten Mesner und Pfarrer ihre Ungeduld und warteten immer auf das Weiblein, auch wenn es sich verspätete.

Vereitelte Hochzeitsfahrt

Es war vor mehr als hundert Jahren, als der Autenbauer in Neustift eine Volderauertochter heiratete. Mit einem Rennschlitten und zwei gezähmten Hirschen wurde zur Kirche gefahren. Das Gespann war mit prächtigem Zaumzeug geschmückt. Als Hochzeitsreise hatte sich das Brautpaar eine Schlittenfahrt nach Innsbruck vorgenommen. Es war zu Mariä Lichtmess. Als sie mit dem ungewöhnlichen Gespann nach Innsbruck kamen, wurden sie von der kaiserlichen Wache angehalten und aufgefordert, die Stadt schleunigst zu verlassen und heimzufahren. Man wollte kein Aufsehen erregen, denn – so wurde begründet – nicht einmal der Kaiser hätte ein so prächtiges Gespann wie diese einfachen Bauersleute.

Tour
21

Neustift-Ranalt

Gold unterm Grawawasserfall

Zielpunkt: Grawawasserfall, 1534 m
Schwierigkeit: Leicht
Gehzeiten: ↑ 1 Std., ↓ ¾ Std.
Höhenunterschied: 140 m
Talort: Neustift-Ranalt, 1303 m
Ausgangspunkt: Schangelairalm, 1390 m (Parken neben der Straße)
Einkehrmöglichkeit: Schangelairalm, Grawaalm, Sulzenaualm und -hütte
Beste Wanderzeit: Sommer, Herbst

Wegverlauf

Von der Schangelairalm bei der Brücke führt an der linken Bachseite ein guter, wildromantischer Steig bis zum Grawawasserfall und von dort über eine kleine Brücke zur Grawaalm, mit herrlichem Blick zum Wasserfall. Besonders beeindruckend ist das Schauspiel der fallenden Wasser bei der

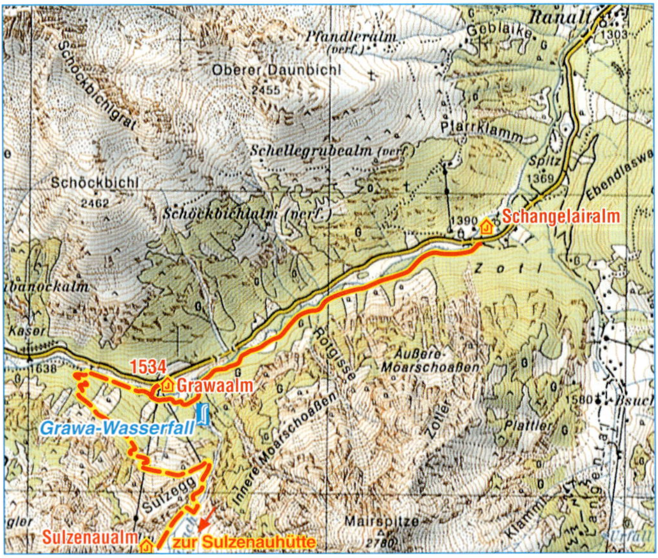

Grawaalm mit dem gleichnamigen eindrucksvollen Wasserfall

Schneeschmelze im Juni, am besten an Nachmittagen bei entsprechendem Sonnenstand, wenn das Licht in die feinen Schleiertröpfchen ein herrliches Farbenspiel zaubert.
Wer zum Ursprung dieses Baches vordringen will, steigt in 2 Std. über die Sulzenaualm zur Sulzenauhütte auf, in deren Nähe der Grünausee und die Blaue Lacke liegen – zwei Moränenseen.

Und so erzählt die Sage:

Vor langer Zeit trafen sich einige Neustifter Burschen auf der Grawaalm. Sie hatten erfahren, dass sich dort ein Venedigermandl einquartiert hatte. Dies galt als sicheres Zeichen für eine Goldader in diesem Gebiet. Die übermütigen Burschen wollten dem Venedigermandl auflauern und ihm das Gold streitig machen. Obwohl sie ganz vorsichtig zu Werke gingen, entkam ihnen das Männlein.

Der Wasserfall, wo die Burschen das Gold vermuteten, rauschte laut. Niemand fand den Stolleneingang. Also überlegten sie nicht lange und begannen, auf gut Glück neben dem Wasserfall zu graben.

Mit Ausdauer waren sie tief in das harte Gestein eingedrungen. Eines Abends kamen die Burschen aufgeregt zurück. Im Berg waren sie auf ein Loch gestoßen, aus dem eisiger Wind wehte und ihnen sogar die Talglichter ausblies. Im Dunkeln sahen sie zwei glühende Augen und grausig und unheimlich hallte es ihnen entgegen: „Gold meinigs! Nit deinigs! Willscht es hobn, bischt begråbn!"

Da schlotterten allen die Knie. Doch keiner hatte den Mut, die Angst einzugestehen. Sollten sie nun nach der mühsamen Arbeit aufgeben, wo das Gold doch so nahe vor ihnen lag? Und Angst haben vor einem Zwerg? Nein! Sie gaben einander zum Schwur die Hand – „wir machen weiter und holen uns das Gold."

Beim Abendessen auf der Grawaalm erfuhr die Sennerin, was sich zugetragen hatte. Sie erschrak und weinte, ja sie flehte die Burschen an aufzugeben, denn mit einem Venedigermandl sei nicht zu spaßen. Doch umsonst. Am nächsten Morgen stiegen die Burschen mit Laternen und Werkzeug noch früher als sonst in den Stollen. Aber da begann ein Blitzen und Krachen, und Wassermassen, riesige Steine und Geröll donnerten über den

Der Grawawasserfall zur Zeit der Schneeschmelze im Frühsommer

Wasserfall herunter. Als sich das Unwetter verzogen hatte, war kein Stolleneingang mehr zu finden. Die Burschen waren zugrunde gegangen. Das Venedigermandl aber blieb verschwunden.

Liegt dieser Sage ein wahrer Kern zugrunde? Unterhalb von Grawa wurde vor einigen Jahren ein uralter Holztrog vom Hochwasser herausgeschwemmt, der zur Goldwäsche verwendet wurde. Auch ein Bergsturz ist hier geschichtlich erwiesen.

Der Almgeist von der Schangelairalm

In mondhellen Nächten sah man auf der Schloangeneiralm öfters einen schwarzen Stier mit einem weißen Stirnfleck. Wer ihn aber sieht, für den bedeutet dies nichts Gutes. Es ist nämlich der Geist eines Senners, der zu seinen Lebzeiten das Vieh misshandelte und nun zur Strafe als Stier in dunklen Nächten umherirren muss.

Tour
22

Neustift-Mutterbergalm

Der wilde Pfaff

Zielpunkt: Großer Trögler, 2902 m
Schwierigkeit: Für Bergerfahrene problemlos
Gehzeiten: ↑ 2 Std., ↓ 1½ Std. (ab Dresdner Hütte, und Abstieg wie Aufstieg)
Höhenunterschied: 594 m
Talort: Neustift-Mutterbergalm, 1721 m (Parkplatz)
Ausgangspunkt: Gletscherbahn-Bergstation, Dresdner Hütte, 2308 m
Einkehrmöglichkeit: Dresdnerhütte
Beste Wanderzeit: Juli bis Oktober

Wegverlauf

Der Große Trögler, 2902 m, ist von der Dresdner Hütte, 2308 Meter, (bei der Bergstation der Gletscherseilbahn), auf markiertem Steig erreichbar. Vom Gipfel aus herrlicher Blick auf den Wilden Pfaff, 3456 m, mit Zuckerhütl, 3507 m, und Sulzenaugletscher. Vom Gipfel ist ein Abstieg zur Sulzenauhütte nur Bergerfahrenen vorbehalten! Als sichere und problemlose Variante kann der Weg übers Peiljoch zur Sulzenauhütte genommen werden.

Die Pfaffengruppe vom Großen Trögler aus gesehen: Der Wilde Pfaff (links) und das Zuckerhütl (Mitte), der höchste Berg der Stubaier Alpen.

Und so erzählt die Sage:

Der Wilde Pfaff, der Berggipfel neben dem Zuckerhütl, hat seinen Namen von einem Geistlichen, der von der Jagdleidenschaft so sehr erfasst war, dass er sogar an hohen Festtagen den Gämsen nachstieg. Wegen dieses Frevels wurde er versteinert und schlummert zur Strafe unter dem ewigen Eis des Wilden Pfaffs.

Tour
23

Neustift-Mutterbergalm

Der wildernde Gämsjäger

Zielpunkt: Mutterberger See, 1658 m
Schwierigkeit: Anspruchsvolle Wanderung
Gehzeiten: ↑ 2½ Std. ↓ 2 Std.
Höhenunterschied: 760 m
Talort: Neustift-Mutterbergalm, 1721 m
Ausgangspunkt: Mutterbergalm vor der Brücke, 1720 m (ausreichend Parkplätze vorhanden)
Einkehrmöglichkeit: Mutterberg-Hotel, Dresdner Hütte
Beste Wanderzeit: Ende Juni bis Spätherbst

Wegverlauf

Der Weg beginnt vor der Mutterbergbrücke auf der rechten Bachseite. Nach 100 m führt er bei einer Wegteilung (Bank und Wegkreuz) rechts steil hinauf über Steinplatten durch dunklen Zirbenwald (½ Std.), ehe beim Wasserfall ein flache-

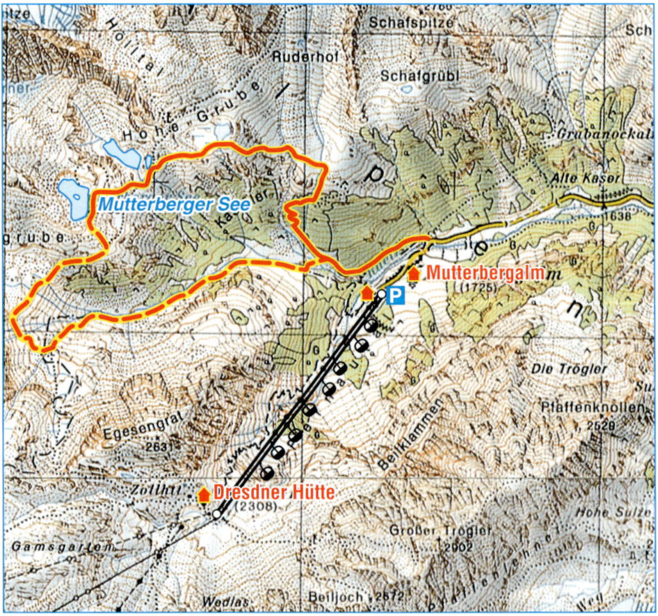

Am Mutterberger See, im Hintergrund der Wilde Freiger (links) und der Wilde Pfaff (Mitte)

rer Wegteil zur Waldgrenze leitet. Nun in Serpentinen wieder steiler durch Latschen bergauf, vorbei an kleinen Bächen bis zu einer Bank. Von da nur mehr geringe Steigung Richtung Süden. Es folgen zwei Geländestufen mit einzigartigen Hochmooren und mäandernden Wassern, kleinen Tümpeln und seltener Flora. Nach nochmaliger Abzweigung der Markierung zum großen Mutterberger See folgen (der schönste Platz liegt nördlich des Sees auf einer Anhöhe). Rückweg über die Dresdner Hütte zur Seilbahn oder gleich wie Anstieg.

Und so erzählt die Sage:

Nachdem ein Wilderer eine Gämse erlegt hatte, erblickte er am Ufer des Mutterberger Sees eine Frauengestalt in schimmernden Gewändern. In ihren Händen blitzten und funkelten Edelsteine. Sie versprach dem Gamsjäger diese herrlichen Steine und noch weitere Schätze, wenn er künftig von der Jagd ablasse. Sollte er jedoch seinen Schwur brechen, so drohe ihm schwere Bestrafung. Geblendet von den Schätzen und von der Gier, alles zu bekommen, zerbrach er die Armbrust und leistete den heiligen Schwur. Eines Tages aber erwachte in ihm wieder die Jagdleidenschaft. Er vergaß den Schwur und erlegte einen prächtigen Steinbock. Da löste sich plötzlich ein Felsbrocken oberhalb des Sees und erschlug den Frevler an jener Stelle, wo heute die kleine Insel aus dem See ragt.

Register

Alpeiner Alm 63
Autenalm 70

Bärenbad 59
Besinnungsweg 67

Dresdner Hütte 82, 84

Elferhütte 66
Eulenwiesen 9
Europabrücke 13

Falbeson 76
Forchachhof 54
Franz-Senn-Hütte 63
Froneben 33, 50
Fulpmes 16, 29, 32, 44, 49

Galtalm 36
Gasteig 74
Gleins 9
Gleinser Berg 9
Grawaalm 78
Grawawasserfall 78
Gröbenhof 44
Großer Trögler 82

Habicht 72
Halsl 23
Herzeben 66
Hoher Burgstall 49
Holderlochalm 59

Issenanger 66

Kampl 29
Kapfers 21, 23
Karalm 66
Kartnallhöfe 52
Kaserstattalm 54
Kirchbrücke 13
Klamperbergalm 70
Krössbach 72

Ladestatthöfe 52

Maria Waldrast 40
Medrazer Stille 40
Mieders 13
Mieders 9
Milderaunalm 72
Milders 54, 63
Mischbachwasserfall 74
Mutterbergalm 82, 84
Mutterberger See 84

Neder 52, 66
Neustift 52, 66, 70

Oberhausalm 76
Oberissalm 59, 63

Peiljoch 82
Pfarrachalm 23
Pfurtschell 32
Pinnisalm 66
Plöven 36

Ranalt 76
Rastbichl 44
Rinnensee 63

Schangelairalm 78
Schlicker Alm 36 50
Schlicker See 49
Schönberg 14
Seduk 59
Seejöchl 49
Serles 29
Serlesjöchl 30
Starkenburger Hütte 49
Stockerhof 21
Stöckleralm 59
Stollensteig 13
Sulzenauhütte 78, 82

Telfes 16
Telfeser Wiesen 21

Umesberg 44

Vergör 32
Volderau 76

Wildeben 30
Wilder Pfaff 82

Wandern zu
SAGEN UND MYTHEN
im Wilden Kaiser
Herbert Jenewein
TYROLIA

Wandern
AN WILDEN WASSERN
in Tirol
Karl Stankiewitz
TYROLIA

Wandern
ZU BERGSEEN
in Tirol
Achensee, Zillertaler
und Kitzbüheler Alpen
Alexander Hundertpfund
TYROLIA

Die hier vorgestellten Wanderungen wurden vom Autor z. T. mehrmals begangen. Alle Angaben in diesem Führer wurden sorgfältig recherchiert und erfolgen nach bestem Wissen. Für die Richtigkeit der Angaben kann jedoch keine Haftung übernommen werden.

Die Deutsche Bibliothek – CIP-Einheitsaufnahme

Bibliografische Information Der Deutschen Bibliothek
Die Deutsche Bibliothek verzeichnet diese Publikation in der Deutschen Nationalbibliografie; detaillierte bibliografische Daten sind im Internet über <http://dnb.ddb.de> abrufbar.

2004

Layout: Tyrolia-Verlag, Innsbruck
Fotos: Johannes Thymann (2), Stefan Lanthaler jun. (3),
TVB Stubai (5), alle übrigen vom Autor
Karten: © BEV – 2004, vervielfältigt mit Genehmigung des BEV
– Bundesamt für Eich- und Vermessungswesen in Wien,
Routeneintragungen in den Karten: Kartographischer Verlag
Walter Mayr, Innsbruck, nach Vorlage von Autor Peter Paul Lanthaler
Rückseitige Panoramakarte: © Kartographischer Verlag
Walter Mayr, Innsbruck
Lithographie: Artilitho, Gardolo
Druck und Bindung: Athesia-Tyrolia Druck, Innsbruck
ISBN 3-7022-2562-5
E-Mail: buchverlag@tyrolia.at